ERINNERUNGSKULTUR IN DEUTSCHLAND

忘却に抵抗するドイツ

歴史教育から「記憶の文化」へ

岡 裕人
Hiroto Oka

大月書店

地図「ドイツ連邦共和国とその周辺」

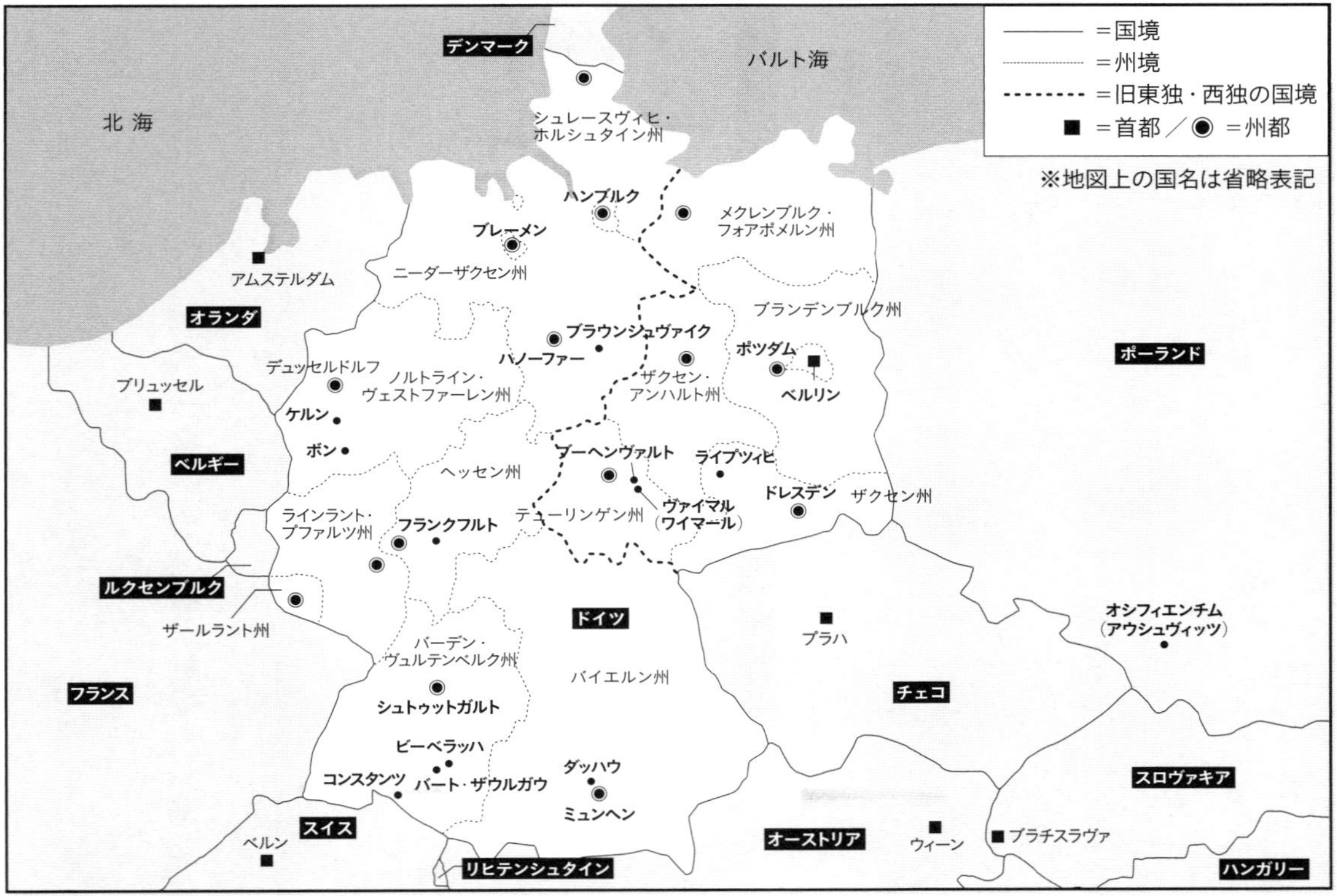

＝国境
＝州境
＝旧東独・西独の国境
＝首都／◉＝州都
※地図上の国名は省略表記
北海
バルト海
デンマーク
シュレースヴィヒ・ホルシュタイン州
ハンブルク
メクレンブルク・フォアポメルン州
ブレーメン
ニーダーザクセン州
アムステルダム
オランダ
ブランデンブルク州
ブラウンシュヴァイク
ハノーファー
ポツダム
ベルリン
ポーランド
ブリュッセル
デュッセルドルフ
ノルトライン・ヴェストファーレン州
ザクセン・アンハルト州
ケルン
ボン
ベルギー
ブーヘンヴァルト
ライプツィヒ
ヘッセン州
ヴァイマル（ワイマール）
ドレスデン
ザクセン州
ラインラント・プファルツ州
フランクフルト
テューリンゲン州
ルクセンブルク
ザールラント州
ドイツ
プラハ
オシフィエンチム（アウシュヴィッツ）
バーデン・ヴュルテンベルク州
バイエルン州
フランス
チェコ
シュトゥットガルト
ビーベラッハ
ダッハウ
コンスタンツ
バート・ザウルガウ
ミュンヘン
スロヴァキア
スイス
ベルン
オーストリア
ウィーン
ブラチスラヴァ
リヒテンシュタイン
ハンガリー

はじめに――変容するドイツ　「記憶」への新たなとりくみ

ドイツにおいて過去の歴史や記憶について考えるとき、ここ半世紀にわたり、それはまずナチスの戦争犯罪やホロコーストのことを意味してきた。この場合の「記憶」とは、ドイツの社会や国民が運命共同体として、過去の特定の出来事に対して共有する記憶のことである。ヨーロッパの中央で周囲9カ国と隣接するドイツは、ヨーロッパや国際社会の一員として戦後の復興からさらに発展を成し遂げるには、この比類なき負の過去と正面から向き合うこと、いわゆる「過去の克服」が不可欠だった。つまり、ドイツが戦争で犯した罪や過ちを認めて謝罪し、その責任のもとに戦後補償を続けることで当該国との関係を修復し、さらに良好な関係を築いてきたのである。

過去の克服のもと、学校教育における歴史の授業でも、20世紀前半の二つの世界大戦の時代、特にナチスによる独裁と戦争犯罪について十分な時間が割かれてきた。課外授業では、戦争やホロコースト関連の記念施設を見学し、生き証人の体験談を聞く機会がつくられてきた。

今やドイツの過去の克服とそれに結びついた歴史教育は、各国から模範とみなされるまでになっている。

しかし、ドイツの過去の克服や歴史教育がここに至るまで、決して平たんな道のりではなかった。過去の克服とは、問題となる過去の出来事にとりくむだけでなく、その過去の出来事に対する記憶ととりくむことでもある。過去に起こった出来事は客観的な事実として変わらない。これに対し、その事実に対する記憶や、その記憶と相互に影響し合いながら形成される歴史認識、「歴史の意義や本質をどうとらえ、どう理解するか」は変わっていく。記憶や歴史認識には、その時代、その国の人々の思いや価値観がこめられるからだ。戦後ドイツは、政情や国際情勢の変化に応じて変わる過去の記憶と歴史認識にとりくんできたのである。

その際、ドイツが隣国と和解し、相互に理解し合うために続けてきた教科書対話が、大変重要な役割を果たしたことは言うまでもない。とりわけ複雑な関係にあったポーランドとの教科書対話にたゆまぬ努力を重ねてきた国際教科書研究所の歴史研究者の言葉は、深く重みがある。

「教科書対話には、一にも二にも忍耐が必要だ。それを乗り越えれば必ず〝歩みよりのスパイラル〟が生まれ、克服できないと思われていた宿敵関係も、凝り固まった歴史像も、克服し消し去ることができる。」

それは重苦しい言葉ではなく、希望を与えてくれる言葉だ。たとえ国や時代が違っても、現在および将来にわたり国際対話に努める者にとって、心の支えとなるだろう。希望は、現在を生き抜き、未来を切りひらく最大、最強の原動力となるからだ。

1990年にドイツが統一して東西陣営の対立や冷戦が終結すると、ヨーロッパの統合やEU拡大が進み、まったく新しい国際情勢となった。東西ヨーロッパ諸国は政治、経済、文化、学問のあらゆる分野で、いまだかつてなかった規模と密度の交流を始めている。統一ドイツは東西両ドイツの過去を引き受けることになったが、その一方で、過去の克服や過去の記憶とのとりくみが、ヨーロッパ全体の課題とみなされるようになったのである。教科書対話においても、相互に和解を進める段階から、二国間の共通歴史教科書をつくる段階に入った。

新しい国際情勢は、平和をめぐる問題にも大きな影響を及ぼしている。統一ドイツは2011年6月をもって連邦防衛軍の兵役を廃止したのである。だが、はたして兵役の廃止は、すぐに平和の促進につながるのだろうか。

ドイツ社会の根幹にかかわる移民問題も、新しい国際情勢のもとで多様化してきている。移民はドイツ社会の一部となり、この国の歴史を成してきた。その統合問題は、少子高齢化が進む福祉国家ドイツにとって国の将来にかかわる課題であり、未来に向けた挑戦でもある。

統一ドイツが中心となって進めているヨーロッパの統合も試練が続いている。特に通貨ユーロを基軸にした経済統合が不安定で世界経済にも影響を及ぼしている。また国内では統一に伴う旧東ドイツの統合もいまだに多くの問題を抱えている。

こうした現代ドイツが抱える政治や経済、社会の問題も、記憶へのとりくみに影響を与えている。

さらに、戦後に世代を重ねた現在のドイツの子どもたちは、過去の戦争を直接自分にかかわる問題として感じることが難しくなっている。その一方で、日本と同様に、戦争やホロコーストについて自らの体験を語り、その記憶を今日に伝えることのできる〝時代の生き証人たち〟が年々減ってきている。今後、ドイツの過去や過去の記憶とのとりくみはどう変わっていくのだろうか。

私は歴史学を学ぶ研究者として、日本人学校で歴史教師をしながら、ベルリンの壁崩壊の年から20年あまりドイツに暮し、変容するドイツ、そしてヨーロッパを目の当たりにしてきた。この体験をふまえ、統一ドイツの歴史教育や過去の記憶とのとりくみについて、今日に至る過程を振り返りつつ、現在、そして将来に向けた課題や展望を見ていくことが本書の主題となる。

第1章では、現在ドイツの学校や市民社会において、過去の記憶がどのように伝えられているのかについて考察する。第2章では、時代や国際情勢の変化とともに、ドイツの記憶や歴史認識がどう変わり、それが過去の克服や歴史教育にどう影響してきたのかを探る。第3章では、ドイツが教科書対話を通じて、かつて敵対した国々と和解し相互理解を深めるために、いかに記憶を共有し、いかに共通の記憶を育もうと努力してきたかを検証する。第4章では、現在さまざまな局面で過渡期を迎えたドイツにおいて、記憶を育み記憶を未来に伝えるために、今、何が模索されているのか、その現状と課題、展望を示したい。本書が「人は何のために記憶するのか」について掘り下げて考える一助になれば幸いである。

ドイツの歴史教育や過去の記憶とのとりくみを理想的に描くことが本書の目的ではない。時代の変化とともに現れる新たな問題や課題に直面し、ドイツの歴史教育も努力と試行錯誤を続け、たゆまず記憶にとりくんでいることを伝えたい。記憶はその時代、その国の文化の一部をなし、未来へと受け継がれていく。記憶には未来への希望が託されていると思うからである。

◉目次

はじめに――変容するドイツ「記憶」への新たなとりくみ　3

第1章　記憶を伝える　13

1　歴史の授業――第三帝国（ナチス政権時代）を学ぶ　14

「問いかけ」で始まる　14／ナチスはいかに大衆を取りこんだか　18／生徒が指摘する歴史教育の弱点　22／現代史重視のカリキュラム　23／歴史を批判的に見る　25／相対化された「過去」　27

2　ホロコーストの課外授業『ゲルダの沈黙』　30

物理教師最後の特別授業　30／記憶するベルリン　32／旧東ドイツ出身のジャーナリスト　35／沈黙と奇跡　37／小さな個人の大きな勇気　40／共産主義がファシズムを根絶した　43

親愛なるゲルダ様　44／脳裏に焼きついた「東と西」　49

3　市民に伝える記憶　51

帝国ポグロムの夜に聞く　52／ハンネローレはどう生き抜いたか　53／減りゆく時代の生き証人　55

コラム　変わりゆくドイツの学校制度　60

第2章 記憶は変わる 63

1 戦後二つのドイツの記憶と歴史認識の変化 64
68年運動から始まった「過去の克服」 64／終戦で「時刻ゼロ」になった 69／旧東ドイツの建国神話 72

2 統一ドイツと冷戦後のヨーロッパの記憶 74
「オッシー」と「ヴェッシー」 74／フランスもユダヤ人大量虐殺に加担した 77／繰り返されるジェノサイド 78／東欧諸国に刻まれた20世紀 83／3カ国の高校生がともに学ぶ『逃亡と追放』 86

第3章 記憶と対話 89

1 ゲオルク・エッカート国際教科書研究所を訪ねて 90
世界最大の教科書図書館 90／学問の自由 92／ゲオルク・エッカートと教科書対話 94

2 ドイツ・ポーランド教科書対話をたどる 96
対話の糸口になった「新東方政策」 97／資本主義と社会主義の対立 99／障壁を乗り越える三つの条件 100／ドイツ全州が勧告を受け入れる 103／和解と歩み寄りのスパイラル 106／

われわれが酸っぱいリンゴをかじろうではないか 108／対話の第一段階――敵対イメージをなくす 111／対話の第二段階――記述内容を充実させる 112／対話の第三段階――二国間共通教科書をつくる 115／独仏間で始まった歴史共通教科書プロジェクト 118／ポーランドと見直す「被害と加害」 123

3 移りゆく時代とともに 127

平和への貢献 127／インターネット時代の新たな挑戦 130

第4章 記憶と未来 課題と挑戦 133

1 記憶と平和 134

『父と暮せば』朗読会 135／「ヒロシマの記憶」を「人間全体の記憶」に 137／「良心的兵役拒否」を選んだ若者たち 140／長崎の平和資料館で「社会奉仕役」142／兵役廃止がもたらす矛盾 146

2 記憶と統合 148

異文化理解への期待 149／レアールシューレの発表会『故郷』150／「私たちもドイツなのです」155／おしよせる移民の波 158／ダブルのアイデンティティ 162／「ヨーロッパ」とわが街の歴史 166／三つの統合への課題 170

3　記憶を未来に伝える　172
「私たちと直接関係はありません！」　172／戦後ドイツ民主主義の原点はアウシュヴィッツにあり　179／「記憶の文化」と未来への責任　182
おわりに――忘却に抵抗する国　ドイツの選択　189
多様化する「過去」移り変わる「記憶」189／「記憶」はその時代、国、社会の「文化」を形成する　192／甦るヒロシマ・ナガサキ、チェルノブイリ、フクシマの記憶――脱原発への決断を突き動かしたものは何だったのか　195
主な参考文献　I
関連年表　V

第1章 記憶を伝える

Vermittlung der Erinnerungen

ドイツはナチスの暗い過去を払拭するために「過去の克服」とそれに基づく歴史教育に真摯にとりくんできたと言われている。それでは、現在、ドイツの学校教育の現場や市民社会において、「戦争の時代」についてどのような歴史教育がおこなわれているのだろうか。その際、生徒や市民はどのような反応を示しているのか。旧東西二つのドイツの過去を背負うことになった統一ドイツにおいて、戦争の記憶に対するとりくみが、どのように社会に根づき、文化の一部と成っているのだろうか。まずは、その現状を探る。

1　歴史の授業——第三帝国（ナチス政権時代）を学ぶ

「問いかけ」で始まる

ここは、フンボルト・ギムナジウム13年生の歴史授業の教室だ。授業の始まる直前、生徒十数名が、思い思いの席につき、隣の席の友人と雑談したり、コーラを飲んでいる者もいる。

そこへ歴史教師のヴォルフガング・クライナー先生が入ってきた。授業開始の号令や挨拶はなく、いきなり授業が始まる。

「みなさん、おはようございます。前回の授業で私たちは、1933年1月30日のナチスの政権獲得について学習しました。ただし、この出来事がナチスによる権力の「掌握」だったのか、それともナチスへの政権の「委譲」だったのか、この点に注意して理解しなければなりません。誰か、この場合の権力の「委譲」と「掌握」の違いについて説明できますか？」

ドイツの歴史教育は現代史を重視し、特にナチスの戦争犯罪やホロコーストについて詳細に学習する、とよく言われる。それでは、実際にドイツの学校の現場ではどんな歴史の授業がおこなわれているのだろうか。日々、そんな関心をもちながら、私は日本人学校で歴史を教えてきた。そこで、私の子どもが通っている南西ドイツ、コンスタンツ市の「アレクサンダー・フォン・フンボルト・ギムナジウム」を訪ねて、歴史の授業を見せてもらうことにしたのである。

テーマは「第三帝国とナチスの独裁」、最も興味関心のあるところだ。授業を受けているのは、ギムナジウム最上級学年13年生、歴史基本コース選択者のための二コマ続きの授業（1コマは45分授業）である。13年生ともなれば、年齢も19歳前後、みな成人している。ちなみにドイツでは法的には18歳から成人とみなされる。それゆえ、教師も生徒を子ども扱いしない。日本の高校生に比べると、かなり自由だが、何かあれば、生徒は成人した個人として自分で責任を負うことになるのだ。

クライナー先生の質問で授業が始まると、ざわついていた教室もさっと静かになり、この問いに対して4～5名がすぐに手を挙げる。ただし、日本のように指先をそろえて右手を挙げるのではない。ドイツでは、「ヒトラー万歳！」を連想させるそのような手の挙げ方はご法度だ。たいていは軽く人差し指を立てるように手を挙げる。

ある生徒が答える。

「政権の委譲とは、合法的に政権が引き渡されることです。これに対し、権力の掌握とは、権力を全面的に自分の支配下に入れることです。」

別の生徒が補足する。

「ナチスが1933年1月30日に政権をとったときには、まだ多くの政敵がいました。その後、すべての政敵をたたきつぶしていき、そうやって全権力を掌握しました……」

続いて、別の生徒がさらに詳しく説明する。

「1933年1月30日の時点で、ヒトラーは帝国大統領ヒンデンブルクから帝国首相に任命されて政権の座につき、連立内閣をつくることになりました。これは、当時のヴァイマル（ワイマール）憲法にのっとっておこなわれた政権の委譲であり、その後ヒトラーはナチス政権の正当化に利用していきます。ヒトラーが政権の座に就いた当初、やがてナチスがこれほど短期間のうちに独裁体制を築くとは誰も予想しなかったのです……」

一通り生徒の発言を聞くと、クライナー先生がまとめる。

生徒たちは、意見を述べるとき、軽く人差し指を立てるように手を挙げる。
「ヒトラー万歳！」を連想させる挙手は、ドイツの学校ではご法度だ。

「当初、議会におけるナチスの勢力は十分ではなく、まずは合法的に政権の座に就く「政権の委譲」がおこなわれたのです。このヴァイマル憲法に従った政権委譲により、ヴァイマル共和国の議会制に根づくかたちでナチス政権を正当化しようとしました。しかし、ヒトラーが政権に就いたのちは、つぎつぎと議会制民主主義を破壊して独裁体制を敷き、全権力を掌握していったのです……」

ナチスはいかに大衆を取りこんだか

ドイツの授業では、一般にどの教科でも自分の意見を発言したり、プレゼンテーションすることが求められ、それが成績評価のうえでも大きなウエイトを占める。特に上級生の歴史の授業になると、多くの詳細な資料が配布され、その内容についてプレゼンテーションしたり、資料について教師から発せられる問いに答えたり、討論したり、あるいは、その資料を批判的に解説したりする課題が出される。教科書とならんで、教師が準備した資料を使って、授業が進められることが多い。

今回見学した授業では、まず前回の授業のまとめとして、「ナチスが合法的に政権の座に就いたのち、民主主義を破壊しながら全権を掌握して独裁体制を築いていった」ことを、生徒に発言させることで確認した。

この導入に続き、ナチスがドイツの大衆をどのように取りこみ、どのようにナチスに結びつけていったのか、という今回の授業の本題に入った。ナチスは設立当初から、大衆の圧倒的な支持を取りつけることで、勢力を拡大していった。政権獲得後、さらに大衆を取りこむ政策を展開する。まず、ナチスの下部組織となった一般大衆の各種団体に関する詳しい資料が生徒に配られた。「ヒトラーユーゲント」の名で知られる「ヒトラー青年団」や「ドイツ少女団」、さらに、「ナチス女性団」、「冬期救援隊」、「帝国勤労奉仕隊」、「ドイツ労働戦線」といった団体組織についての資料だ。とりわけ生徒たちと同じ年齢層が参加した青年団、少女団は、生徒の関心をひいた。

これらの資料が、それぞれ二人一組になった生徒のグループに渡された。各グループはまず担当する団体の資料を読みこみ、その資料をもとに団体組織の成り立ちや性格、発展を説明するためのレジュメをつくった。それを、OHPを使って発表できるように、シートにまとめるのだ。

発表レジュメができあがると、各グループが順に前に出てOHPを使ってのプレゼンテーションをおこなう。どのグループも二人で発表を分担し、交互に要領よく発表していく。台本を読むのでなく、OHPに映し出された要点にそって、自分の言葉で説明を加えていく。生徒たちは、日頃からこうした訓練を積んでいる。ただ資料を読んでその内容を理解するというだけではなく、その理解した内容を自分の言葉でまとめあげて発表することで、その理解が深まり身になっていくのだ。

例えば、ヒトラー青年団（ヒトラーユーゲント）について。この団体組織はすでに1926年、ナチスの青少年運動団体としてヴァイマルのナチス全国党大会で設立されたが、その後しばらくヴァイマル共和国時代はあまり重要な組織ではなかった。それが1933年にナチスが政権をとると、ほかの同様な青年団が禁止され、ヒトラー青年団が党の組織から国家組織へと格上げされる。さらに、当初は自由参加だったものが、１９３６年のヒトラー青年団法、１９３９年の青年奉仕義務法により、強制加入団体となっていった。その結果、１９３２年に加入者が約10万人だったのに対し、１９３９年には約８７０万人にまでふくれあがった。

担当グループの一人が発表する。

「ヒトラー青年団への参加が義務化され、ほぼすべての青少年がナチス主催の式典や祭典、プロパガンダのための行進やパレードに駆り出され、野外活動に参加しました。毎週地区ごとに集まり、こうしたナチスの行事や式典の準備をするほか、ナチスが青少年向けに制作したラジオ放送をみんなで聞かされていました……」

グループの別の生徒に代わって、発表は続く。

「ナチスは青少年にナチスのイデオロギーを吹きこみ、忠誠、仲間意識、義務の遂行、強い意志といったナチスの価値観を植えつけていきました。さらに、体力増強のために日々の訓練を奨励し、優秀な兵士の養成をめざしたのです……」

生徒の発表後、教室の後ろの席で聞いていたクライナー先生が補足説明する。

「ヒトラー青年団は、従来からあった青少年の活動グループや団体を吸収、統合し、そうできないものは廃止していきました。例えば、20世紀初め、戦前のドイツで活動が広がっていたワンダーフォーゲル運動も、ヒトラー青年団の活動に統合されていったのです。またヒトラー青年団は14歳から18歳の青年男子を対象にしていましたが、その下部組織として10歳から14歳を対象にしたドイツ少年団や、さらに、6歳から10歳の男児を対象にした組織もありました。年少者から青年まで、ナチスはすべての子どもや若者をナチスに取りこもうとしたのです……」

ドイツの大衆が参加したいろいろなナチスの団体組織について生徒がプレゼンテーションし、ナチスがいかに国民を独裁体制に取りこもうとしたかについて学習した。つまり、ナチスとヒトラーの独裁は、ドイツ国民とともにあったのだ。ナチスはそのことを狙い、そのことを最大限利用しようとした。ドイツ国民とともにあるナチスの独裁体制、これが今回の授業で学習すべき重要ポイントだ。クライナー先生は、このことを板書して強調した。

続いて、国民や大衆を独裁体制に取りこむため、ナチスが宣伝、プロパガンダを最大限活用したことが解説される。その目的のために、ゲッベルスが宣伝（プロパガンダ）大臣となった。

授業の終わりに、この「プロパガンダの天才」と称されるゲッベルスの生涯や宣伝相としての活躍を特集したテレビ番組のビデオを鑑賞した。ゲッベルスの生い立ち、党での活躍、ナチスの宣伝映画や、ゲッベルスの演説シーンが次々に映し出される。ヒトラーの自殺を追ったゲッベルスの一家心中についてもふれられていた。ヒトラーの演説とならんでゲッベルスの演説も迫力があり、生徒たちはその映像や音声に引きこまれていく。ビデオ教材は強い印象を与える。

そして最後に、「ナチスのプロパガンダ」が次回授業の重要テーマであることを予告して、クライナー先生は授業を終えた。生徒に資料研究とそのプレゼンテーションをさせることで、「ナチスの独裁とドイツ国民のかかわり」というテーマに、主体的にとりくませようと工夫した授業だった。

生徒が指摘する歴史教育の弱点

「第三帝国とナチスの独裁」という重いテーマだけに、授業を受ける生徒たちの表情もまじめなものだった。ギムナジウム最上級生ともなると、授業直前には、休憩時間の打ち解けた雰囲気から一転して、過去にとりくむ真剣なモードに切り替えることができる。

クライナー先生の授業を受けていた生徒の一人、ルーベン君が、歴史の授業について感想を述べてくれた。

「僕は歴史について、特にドイツの戦争について関心があります。戦争の時代について時おり祖父から話を聞くことがありますが、その内容は限られていますし、感情的だったりすることもあります。歴史の授業では、とても多くの資料を読み、理性的に出来事の因果関係をたどっていくので、なぜ、どのようにしてそういう事態に至ったのかが、よく理解できます。また授業では、各人が自分でたてたテーマについて時間をかけて調べ、それをプレゼンテーションします。みんなよく調べてくるので、その発表を聞くのもおもしろいです。」

このような発表中心の授業はおおむね生徒にも好評なようだ。一方で、ルーベン君はドイツの歴史の授業に対する要望を述べた。

「ドイツの過去について詳しく学ぶのはよいのですが、ただドイツのことばかりなのです。僕らは当時の世界のほかの国についても知りたい。例えば、日本のことについて知りたい。先生に僕らの希望について相談したのですが、これは教育カリキュラムに決められていて、限られた授業時間内にそれ以外のことを扱う余裕がない、と言われたのです。」

グローバル化の時代に育つドイツの若者が、ドイツの歴史教育の弱点を指摘する。過去の歴史だけでなく、未来に向けた視点を育んでいる。

現代史重視のカリキュラム

授業を見学した後で、今度はクライナー先生からドイツの学校、特にギムナジウムの歴史教育や歴史授業について話を聞いた。

連邦制をとるドイツでは各州が文部行政の自治権をもっており、大小の違いはあるが、州ごとに学校制度や教育カリキュラムが異なっている（ちなみに、全ドイツ連邦の指針調整をおこなうために、常設文部大臣会議やドイツ教育制度審議会が置かれている）。私たち家族が暮す南西ドイツのバーデン・ヴュルテンベルク州は、２００４年度にギムナジウムの制度改革を実施し、５年生から13年生までの９年制から、12年生までの８年制に移行した（60ページのコラム「変わりゆくドイツの学校制度」参照）。今回授業参観した13年生のクラスは、９年制だった時代に入学した最後の学年だ。旧制度での最終学年の授業ということになるが、内容的には新制度のそれとほぼ変わりない。

現在の８年制ギムナジウムの教育カリキュラムでは、６年生から９年生までの４年間で、先史時代から古代、中世、近代、現代までの歴史を通して学習する。現代史については、日本の中学3年生に相当する9年生で一年かけて20世紀の時代、二つの世界大戦からドイツ統一までの歴史をしっかりと学ぶことになる。

そして10年生では、「ヨーロッパのアイデンティティを探求する」ことを目標に、ヨーロッパの多様性と統一性を歴史の中に見出していくことがめざされる。まず古代にヨーロッパの起源を求め、中世にヨーロッパの形成を見出す。そして近代にヨーロッパが世界に進出していく歴史を学習する。統一ドイツはヨーロッパ連合を牽引する国であり、まさにヨーロッパの統合を念頭に置いた新しい教育カリキュラムが組まれている。

続いて、上級学年の11年生、12年生で、再び近代後半から現代、19、20世紀のドイツを中心とした歴史を詳しく学習し、理解を深めていく。各州ごとに実施される統一卒業資格（大学入学資格）試験「アビトゥア」では、この上級学年で学習する現代史についてのみ出題される。ここにも、ドイツの歴史教育において現代史を重視することが、はっきりと表れている。

ただし、「ドイツの歴史授業では、もっぱらドイツ史を中心に学び、それに加えて関連するヨーロッパの歴史を学習するだけで、ヨーロッパ以外の世界の国や地域の歴史を取り扱うことはごく限られています。このことに生徒も、教師も不満をもっています」と、クライナー先生はドイツの歴史教育の問題点を挙げた。ルーベン君も同じ意見だった。戦争の時代に大幅な時間を割く代わりに、他の時代や他の国の歴史について学ぶ時間が限られる、と指摘する声もある。

ドイツには日本のような「世界史」の授業はない。「歴史」という一つの教科のもとで、ドイツ史を中心とした歴史を学ぶのだ。

これはドイツに限ったことではない。ヨーロッパの国のほとんどが同様に歴史の授業をしており、自国中心主義、あるいは、ヨーロッパ中心主義の傾向が強い。ヨーロッパ統合が進む現在、さらにヨーロッパ志向が強まっている。近代ヨーロッパが世界を制して以来、ヨーロッパ中心主義の考え方がいまだにずっと続いていると言ってもよい。

実は、日本のように、独立して「世界史」の教科や授業をもつ国は世界でも少ないのだ。この意味では、日本は世界のさまざまな国の歴史や文化に学ぼうという姿勢を示している。グローバル化時代において、これはヨーロッパ全体の歴史教育における課題である。

歴史を批判的に見る

ドイツでは、「歴史を批判的に見る」ということが、歴史教育の最も重要な目的の一つとなっている。歴史を学習する際、それがどの時代の歴史であっても、起こった出来事をそのまま覚えるのではなく、その歴史事象の問題点を指摘し、問いを投げかけ、さらにその問いに対する答えを自ら考える。こうした歴史を批判的に見る態度を養うことが重要視されており、「これがドイツの「歴史」という教科の特徴です」と、クライナー先生は言う。歴史以外の教科では、ドイツ語の授業においても文章を批判的に解釈することが重視されているが、そのほかの教科には特に見られないそうだ。今回の授業で、1933年1月30日にナチスが政権を掌握したのか、それともナチスに政権が委譲されたのかについて問いを発するのも、一つの例である。

1963年生まれのクライナー先生は、1970年代から80年代に、ギムナジウムで学んだ。ちょうどその頃、「68年運動」世代が多く教員になっていた。

1968年というのは、世界各国でヴェトナム反戦を訴えた学生運動が盛んだった年で、その影響を受け、西ドイツでも学生を中心に市民や労働者を巻きこんで、既存の政治体制を批判する大規模な抗議運動が起こったのである。戦後生まれの若い世代は、ナチスの過去をないがしろにしてきた親の世代を厳しく批判した。それまでは、歴史の授業でさえナチスの戦争犯罪やホロコーストが十分に取り上げられてこなかったのである。

この68年運動の影響で70年代から80年代にかけ、過去を直視してナチスの時代や戦争犯罪についてしっかり学習し、歴史を批判的に見る態度を養うことが、歴史教育において確立していったと言う。こうしてドイツの「過去の克服」に結びついた歴史教育ができあがっていったのだ。この歴史教育の基本的な姿勢が、現在にまでしっかりと引き継がれてきている。

「歴史の事象を批判的に見ていく態度を養うことが、歴史の授業の目的として確立したことは、とても重要なことです」と、クライナー先生もこの点を大いに評価している。

相対化された「過去」

ドイツ統一後、東西冷戦が終わり、ヨーロッパの統合が進む現在、歴史の授業にも変化が起こっている。まず、「戦争責任」の問題について考えるとき、「今の生徒たちは遠い過去となったナチス・ドイツの戦争犯罪に対し、もはや自分個人にも責任があるとは考えていない」と言う。戦争を体験した世代から数えて今の生徒は第3、第4世代になるが、こう考えるのは当然だろう。

一方、「過去の克服」と結びついた、ドイツの今の歴史教育をつくってきた68年世代は、第2世代にあたる。彼らは、戦争を体験しながらそれを直視しようとしない親の世代を批判してきたが、戦争責任についても自分自身に引きつけて考えることができた。その意味でナチス・ドイツ、ヒトラーの第三帝国は身近な存在であり、その時代の歴史は最重要だった。「1970年代から80年代にかけて、東西冷戦のまっただ中、68年世代にとって、「過去」といえば第三帝国時代のことであり、それしかあり得なかったのです」とクライナー先生は当時を振り返る。

ところが現在の統一ドイツの歴史教育においては、第三帝国とならんで戦後冷戦下の東西ドイツ分断の時代、ドイツ統一、東西冷戦の終結とヨーロッパの統合といった、ほかの時代やテーマも同様に重要となってきている。つまり、「過去として第三帝国時代が絶対ではなくなり、相対化されてきたのです」と言う。

クライナー先生は、ドイツの国家や国民が全体として過去の戦争責任を引き受けていかねばならないことも、直接的に生徒に教えこむのではなく、戦争犯罪と国家や国民のかかわりを学習する中で、生徒自身が感じとれるように工夫している。一方、ドイツの国家としての責任については、ことあるごとに、さまざまなメディアを通じて報道されている。現在の生徒たちは、そういった環境にあって、個人として自分の戦争責任を拒否してはいるが、過去の戦争の歴史について関心をもつ者が少なくないと言う。

「ドイツが国家として戦争の責任を負っていくのは当然だと思いますが、過去の時代のドイツが戦争を引き起こしたことに対し、個人的には自分にも責任があるとは思いません。ただし、そうした戦争犯罪があったことや惨禍について、記憶を伝えていく責任は、自分にもあると強く感じています。」

歴史の授業について話してくれたルーベン君の弁だ。

クライナー先生は続ける。

「年配の人には「過去の話はうんざりだ」と言う人が多いかもしれませんが、若い世代は違います。私のまわりの生徒たちは、過去に興味をもっています。過去にどんなことがあったのか、なぜドイツは過去の責任を背負っていかねばならないのかについて、知りたがっています。」

今ではドイツのおこなってきた「過去の克服」は他国から模範と見られるようになった。ことあるたびに過去を振り返り、過去に対する責任を感じることが良識とされてきた。そのことに、戦争を直接体験した世代、身近に感じることのできた世代には、本音の部分で「過去はもうたくさんだ」という気持ちをもつ者が少なくなかったのだ。過去のおかげで、祖国にいつまでも暗い影がつきまとってしまう。

ところが、今の若者や子どもたちは、ドイツに対し祖国として良いイメージをもつ者が、徐々に増えてきているようだ。特に2006年にドイツでサッカーワールドカップが開かれて以来、その傾向が明らかになってきた。クライナー先生は若者の変化についてこう語っている。

「この間のドイツワールドカップ期間中には、車にドイツの国旗をつけて走る人が増えました。一昔前なら考えられないことです。以前は、暗い過去を背負ったドイツに祖国として誇りを感じることのできない人が多かったのです。それが今では変わってきました。」

ドイツの過去の歴史を相対化して見る。つまり、年月を経ることで、若者にとっては「ドイツの過去」も、遠い昔に起こった一つの歴史になったのだ。さらに「ドイツの過去」だけでなく、その「過去」へのとりくみも一つの歴史になってきた。生徒たちは、ドイツが責任を負う過去の歴史に関心を示す中で、ドイツの過去へのとりくみについても肯定的にとらえているのだろう。さらに、ドイツの過去を自分には直接責任のない遠い昔の出来事と感じているため、祖国ドイツに良いイメージをもつことができるようになってきたのかもしれない。

ただし、過去を相対化して見ることで、ドイツが過去に犯した過ちや、その過去に対するドイツの責任が軽視されてはならない。この意味においても、ドイツの歴史教育が、生徒に歴史を批判的に見る態度を育んでいることは、重要なことである。

2　ホロコーストの課外授業『ゲルダの沈黙』

物理教師最後の特別授業

「今日、学校の課外授業で映画館に行って、『ゲルダの沈黙』というホロコースト生存者のドキュメンタリー映画を観たんだよ。それから教室に移動して、映画の原作本の著者を囲んで、主人公のユダヤ人女性ゲルダの話を聞いたんだ……」

２００９年１月の終わりのある日の夕食のこと、珍しく息子が学校の特別授業について話し始めた。ギムナジウムの最上級学年ともなると、普段、自分から親に授業の話などほとんどしない。それを話題にしたということは、よほど何か感ずるところがあったに違いない。

息子が通ったコンスタンツのフンボルト・ギムナジウムでは、毎年最上級生を対象に、ホロコーストに関する課外授業をおこなってきた。この特別授業の担当は、普段は物理を教えているノベルト・グレーフェ先生だ。先生がホロコーストについての課外授業を担当するようになってもう何年にもなるが、今回の『ゲルダの沈黙』の授業が、65歳を迎える先生の定年退官前最後の特別授業となった。

「物理教師の私がホロコーストの課外授業を担当するようになったのに、何か特別な理由があったわけではありません。ただ、私自身がギムナジウムの生徒だった1950年代には、学校の授業でホロコーストについて学ぶことはまったくありませんでした。ましてや、生存者の体験談を聞くような機会は一度もなかったのです。今、この課外授業を通してわかることは、世代を超えて今の生徒も、ホロコースト生存者の体験談に心を揺さぶられるということです。」

初老の教師は、低く落ち着いた声で、たんたんと語ってくれた。

グレーフェ先生がホロコーストの課外授業を担当すると言っても、すべて一人で準備するわけではない。ホロコースト生存者の体験談を聞く特別授業は、ドイツ・イスラエル協会が中心となって企画し、毎年、ユダヤ人の迫害と虐殺を思い起こす記念日、つまり、11月9日の「帝国ポグロム（迫害）の夜記念日」と1月27日の「国際ホロコースト記念日」にちなんで実施している。これらの記念日は、1938年11月9日夜にナチスがドイツ帝国全土で一斉にシナゴーグ（ユダヤ礼拝堂）やユダヤ人商店を襲撃し、破壊して火を放った事件と、1945年1月27日にアウシュヴィッツ強制収容所が解放されたことに由来するものだ。

今回の『ゲルダの沈黙』の授業も、ドイツ・イスラエル協会が企画したものである。そして原作本の著者、クヌート・エルスターマンさんが、同協会の招待を受けて、コンスタンツの生徒と対話するためにベルリンからやって来たのである。

私はグレーフェ先生に、エルスターマンさんと連絡がとれるよう取り計らってもらった。ベルリンのエルスターマンさんを訪ね、直接会って詳しく話を聞いてみよう、そう思ったのである。ホロコースト生存者ではない彼が、なぜ『ゲルダの沈黙』を書き、ホロコーストを語り継ごうとしているのか。ドイツ各地の学校をまわり、若者たちに何を伝えたいのか。彼の講演を聞き、対話した若者たちはどんな反応を示しているのか。そのような関心をぶつけてみたかったのである。

記憶するベルリン

2009年10月の終わり、私は『ゲルダの沈黙』の原作者クヌート・エルスターマンさんに会いにベルリンにやって来た。かつての東西ベルリンの国境だったところに立っているブランデンブルク門を西から東に歩いて通り抜けながら、20年前、ベルリンの壁崩壊が起こったすぐ後に、この場所にいたことを思い出していた。留学して間もない頃のことである。

あの頃と比べるとベルリンもすっかり変わった。特に旧東ベルリン地区は開発がどんどん進み、街並みがきれいに整備され、生まれ変わっている。今ではベルリンの壁は、記念に保存されている一部を除いてすべて撤去された。ただし、かつて壁が立っていたところには、その線上に印として小さな煉瓦が地面に埋めこまれ、壁の記憶を永遠に留めている。また、統一ドイツになって、ベルリンにはナチスの戦争犯罪やホロコーストを記念し、追悼する施設や碑がいくつもできた。

ベルリンの繁華街に立つ強制収容所の名前が書き連ねられた警告板。
「我々が決して忘れてはならない驚愕の場所」

その一つとして2005年に、ヨーロッパでホロコーストの犠牲となったユダヤ人を追悼する巨大なモニュメントが完成した。ブランデンブルク門からポツダム広場に向かって少し南に歩いたところにある。約1万9千平方メートルの広大な敷地に、石棺を模したコンクリート製の高低さまざまな石碑2711基が格子状に配置されており、訪れた者を圧倒する。さらに、この石碑広場の地下には犠牲となったユダヤ人の情報センターが置かれ、迫害されたユダヤ人が書き残した個人の記録や、ユダヤ人家族の運命をたどった展示を見ることができる。

この追悼記念碑をつくろうという声が上がった直後から、虐殺されたユダヤ人だけを追悼するものでよいのか、それとも、ナチスのすべての犠牲者を追悼するべきではないのかと、激しく議論された。ホロコーストの犠牲者には、ユダヤ人だけでなく、戦争捕虜、シンティやロマ（ジプシー）、同性愛者、障がい者などさまざまな人がいたからだ。結局、「ヨーロッパで虐殺されたユダヤ人を追悼する記念碑」と決定し、1999年に連邦議会で建設が承認され、終戦とアウシュヴィッツ解放60周年を迎える2005年に完成したのである。これとは別に、ナチスの犠牲となったシンティとロマ（ジプシー）を追悼する記念碑は、国会議事堂近くに建設されている。

また、ユダヤの起源から現代まで、2000年にわたるドイツとユダヤの歴史を詳しく見学することのできる「ベルリン・ユダヤ博物館」も、2001年にオープンした。展示もさることながら、有名なユダヤ系アメリカ人の建築家リベスキンドが設計した博物館の建物が興味深い。バロック建築の入り口を入ったあと、常設展示場に向かう通路自体がホロコーストの歴史を追体験するようにつくられているのだ。途中いくつもの分岐点があり、重苦しい閉塞感、窒息感を覚える部屋が配置され、体全体で迫害の歴史を感じとる。ただし、この博物館の展示全体から見れば、ホロコースト関連の展示は一部にすぎず、まさにユダヤの歴史の全体像を伝えようとするものだ。

ドイツは国を挙げて、さらに世界の世論を巻きこんで、ホロコーストの記憶を残そうとしている。さまざまな追悼記念施設をつくるだけではない。アウシュヴィッツ解放を記念した1月27日の国際ホロコースト記念日には、毎年ドイツ連邦政府は、ベルリンの連邦議会にホロコースト生存者を招いて演説をしてもらい、平和な未来のために記憶を新たにしている。言葉と行動で心に刻みつけようとしているのだ。記憶を未来に受け継ぐべき文化ととらえている証である。

旧東ドイツ出身のジャーナリスト

私はベルリンの追悼記念施設をめぐりながら、この20年のベルリンの変化に思いを馳せた。私自身、一つの歴史を生きている実感を味わいながら、エルスターマンさんに会ったのである。

クヌート・エルスターマンさんは、1960年に当時の東ドイツの首都、東ベルリンで生まれた。東ベルリンで育ち、1990年のドイツ統一もここで迎えた。そして現在もベルリンの旧東側に住み、映画評論家、ラジオジャーナリストとして活躍している。

2005年、エルスターマンさんは、ホロコーストの生き証人ゲルダ・シュラーゲの体験談をもとに『Gerdas Schweigen. Die Geschichte einer Überlebenden（ゲルダの沈黙――一人の生存者の物語）』を出版した。この本は、従来のホロコースト生存者の手記とは少々趣が違う。エルスターマンさんは、アウシュヴィッツ強制収容所から生きて帰ったゲルダの波瀾に富んだ人生を、歴史家ではなくジャーナリストの目で追った。ゲルダの人生を通して、ゲルダと家族同様の間柄にあった自分の家族が、ゲルダとどうかかわってきたのかも探ろうとしている。ナチスに真っ向から抵抗できなくとも、小さな市民のできる限りの抵抗として、迫害を逃れるユダヤ人を助けた人びとがいたのである。また、エルスターマンさん一家はずっと東ベルリンに暮してきた。旧東ドイツに生まれ育ってきた者の視点も加わり、ナチスの過去と戦後東西ドイツ分断の過去がからみあっている。

さらに、ナチスの迫害を受け、その追っ手から隠れ、アウシュヴィッツ強制収容所に連行され、そこから奇跡的に生きて帰ってきた一人のユダヤ人女性ゲルダにも、当然のことながらプライベートの生活、他人に知られたくない秘密があった。そのことを後の人生にまでずっと引きずって生きてきたことを、ゲルダはこの本の中で明かしている。

それだけに、ゲルダがどんなときでも「生きる」希望を失わず、絶えず勇気をもって行動し、そのことで九死に一生を得てアウシュヴィッツから生きて帰ってきたことを、この本は十分に読者に伝えている。出版後、すぐにこの本は著者の予想をはるかに超えた反響を呼んだ。エルスターマンさんは全国各地の学校に招かれ、朗読会を開いて生徒と対話を重ねた。すでにその数は50を超えている。そのうちの一つが息子の通っていたギムナジウムである。そして２００８年には『ゲルダの沈黙』を原作とし、ゲルダ本人も登場する同名のドキュメンタリー映画が製作されたのだ。

沈黙と奇跡

原作『ゲルダの沈黙』は、幼い頃のエルスターマンさん、クヌートの素朴な疑問から始まる。1960年代半ば、戦後まもなくアメリカのニューヨークに移り住んだゲルダおばさんが、20年ぶりに東ベルリンのクヌートの祖母を訪ねた。当時は東西冷戦のまっただなか。ニューヨークの人間が、東ドイツの首都ベルリンのクヌートの祖母を訪ねた。当時は東西冷戦のまっただなか。

祖母はクヌートの母や大叔母とともに、ゲルダを囲んで歓談していた。クヌートは大人たちの会話に首を突っ込まないよう、特に、ゲルダの過去について何も聞かないよう釘をさされていた。ところが、好奇心に負けた彼は、ゲルダの過去にふれる短い一言をうっかり発してしまう。「ゲルダ、また新しい子どもが生まれたの？」その途端、ゲルダは口をつぐみ、沈黙してしまったのだ。その後クヌートはゲルダへの疑問を抱えたまま、40年を過ごすことになる。

ポーランド系ユダヤ人一家に生まれたゲルダは、ベルリンでクヌートの祖母や大叔母の隣人として家族同様につきあいながら大きくなった。やがてナチスが政権をとり、ユダヤ人迫害が始まると、ゲルダの両親と兄は強制収容されていく。彼女自身は何とか逃げ延び、クヌートの大叔母のもとに潜んでいた。大叔母はユダヤ人と結婚し、ゲルダの一番の理解者だったからである。

1943年にベルリンで空襲が始まると、大叔母は当時チェコに移り住んでいた祖母一家のもとに疎開した。他方、ゲルダはベルリンに残り、協力者の助けを借りながら、ナチスの追っ手から隠れて点々とする生活を続けた。当時のベルリンには、ナチスから潜んで暮すユダヤ人が少なからずおり、また、それを密かに助ける協力者たちのネットワークがあったのだ。

ナチスの追っ手から隠れ住むと言っても、ゲルダは始終ひっそりと暮していたわけではない。彼女は、協力者の助けにより偽造スイス人パスポートを手に入れ、それを使って外出し、腕のいい毛皮裁縫師として仕事もしていた。それどころか、毛皮加工店で知り合った妻子ある毛皮商人と、恋に落ちてしまう。彼女は危険を冒して、この束の間の恋を楽しんだのである。

1944年4月、ゲルダはとうとうゲシュタポ（秘密警察）に逮捕され、アウシュヴィッツへと送られる。強制収容所では何度も生か死かの選別を生き延びたが、やがて彼女は妊娠していることに気づく。不倫相手の子どもを宿していたのだ。1944年10月、彼女はなんとアウシュヴィッツで出産した。収容所では新生児を母親の手許に置くことは許されたが、授乳することは固く禁じられていた。密かに他の囚人から分けてもらっていた母乳も途絶え、2週間後、ゲルダの初めての娘シルヴィアは、母の腕に抱かれたまま餓死してしまう。

1945年1月、東方からソ連の赤軍が迫ってくると、ナチスは絶滅収容所であるアウシュヴィッツ強制収容所を撤収して証拠隠滅するため、囚人の多くを西方の収容所に移していた。この強制移動の途中、ゲルダは一瞬のすきをついて逃げ出した。囚人列車が駅で停まったとき、ちょうど動き出した別の列車に飛び乗ったのだ。ところが、それはドイツ軍兵士を前線に送る列車で、しかも一人の兵士がゲルダの行動を見ていた。ゲルダは観念し、自分はユダヤ人でアウシュヴィッツから来たことを兵士に告げた。すると、奇跡が起こった。彼がゲルダを助けてくれると言うのだ。彼は危険をかえりみず列車内でゲルダをかくまい、目的地に着くと、彼女を預かってくれる家を探してくれた。そして、彼女に大金を手渡してそこから去り、二度と彼女の前に現れることはなかった。

こうして奇跡的に生き延びることができたゲルダは、終戦後すぐにまたベルリンに戻ってくる。クヌートの祖母や大叔母にも再会し、アウシュヴィッツでの出来事とそこで娘を失ったことをただ一度だけ告げ、以後一切このことを話さなくなる。

やがて、ゲルダはアメリカのニューヨークに渡った。そこで同じく大戦を生き抜いたユダヤ人の男性と知り合い、結婚して新しい家庭を築いた。一人息子も生まれた。ゲルダはこの新しい家族との生活を守るために、アウシュヴィッツでの出来事を封印し、ひたすら沈黙したのである。

その後もゲルダとクヌートの祖母は、頻繁に手紙のやりとりをして近況を伝え合った。ゲルダがアメリカに渡って20年近く経った頃、ベルリンのクヌートの祖母や大叔母を訪問することを決心する。この訪問時に、当時まだ幼かったクヌートがゲルダの過去にふれる問いかけを発してしまい、その途端、彼女は黙りこんでしまったのである。

クヌートの疑問は残ったまま、40年が経った。この間、ドイツが統一し、東西冷戦も終わった。他方、彼の祖母が亡くなり、ゲルダも80歳を超える高齢となった。今ではジャーナリストとして活躍するクヌートは、今こそゲルダから話を聞こうと決心し、ニューヨークの彼女を訪ねる。こうしてゲルダは60年間黙っていたことを、打ち明けてくれたのである。

ゲルダの沈黙には深いわけがあった。ホロコースト生存者の多くが「なぜ自分だけが生き残ったのか」という罪悪感に苦しみ、沈黙し、それに耐え切れずに自ら命を絶った者も少なくない。ゲルダは、そうした罪悪感に加え、「不倫の恋をして妊娠し、その子をアウシュヴィッツで産み、間もなく死なせてしまった」という罪の意識も強かったのだ。民族的な罪悪感だけでなく、不倫の悲惨な結末という プライベートな秘密にも苦しみ、ゲルダは沈黙を続けたのである。

小さな個人の大きな勇気

私は旧西ベルリンの繁華街クーダムの近くのホテルに宿泊し、その部屋でエルスターマンさんに会った。今もなお東側に住む彼は、わざわざ私に会いに西側に出てきてくれたのだ。このことが彼にとって、どんな意味があるのか、後でわかることになる。

エルスターマンさんの生まれた次の年、1961年8月に「ベルリンの壁」が一夜にして築かれた。彼はまさに東西ベルリン（東西ドイツ）分断の歴史とともに育ち、生きてきたのだ。「自分にとっては、東西を分断する壁がある生活が、日常の生活だった」と言う。ちょうど東西対立や冷戦が激化していた頃に、学校教育を受けた。やがてゴルヴァチョフの影響で、東ドイツでも民主化を求める運動が盛んになり、そして1989年、ついに「ベルリンの壁崩壊」を直に体験する。29歳のときだった。壁崩壊の頃、エルスターマンさんは東ベルリンで東ドイツの政府政党「ドイツ社会主義統一党」の機関紙編集に携わっていたが、それは彼にとっておもしろい仕事ではなかった。ジャーナリストとして、言論の自由がない当時の体制に、強い不満をもっていたのである。若き日の彼は社会主義の理想を信じ、東ドイツが社会主義国として民主化を進める改革を夢みていたのだ。

1990年10月、ベルリンの壁崩壊から11カ月、思いもよらぬ早さで東西ドイツが統一した。ある意味、エルスターマンさんの夢は破れた。改革された社会主義国家東ドイツは、幻想にすぎなかったのだ。現実的にはドイツ統一を歓迎し、新しいドイツに期待もしたが、不安も大きかったと言う。しかし、彼のジャーナリストとしての才能や仕事は、ドイツ統一の時点から広がり始めた。ジャーナリストとしての人生は、ここから始まったと言っても過言ではないだろう。現在彼は映画評論家、ジャーナリスト、ラジオ番組のパーソナリティーとして東ベルリンを中心に活躍している。

エルスターマンさんが『ゲルダの沈黙』を書いた動機は、ゲルダについて幼い頃から長年抱きつづけてきた疑問を明らかにし、さらに自分の家族の歴史を探りたかったからだと言う。つまり、ナチスがユダヤ人を迫害する時代に、ゲルダがどう生きたのかということとならんで、この時代に自分の家族が、ユダヤ人であるゲルダとどのようにかかわったのかを、知りたかったのである。

ホロコーストに関する歴史や生存者の体験談は、どの話も唯一無二、それぞれが特別な歴史を物語っている。ただ、東側世界に生まれ育ったエルスターマンさんは、ホロコーストの問題について、西側の人間とは違ったアプローチの仕方ができるのではないかと考えた。東の人間は、特に反西側ファシズムの教育を徹底的に受けてきた。東ドイツには、「われわれ東の人間は、ファシズムの責任をとって、強制収容所を解放した」という建国神話があった。エルスターマンさんは、「私たちはこの神話を小さい頃から叩きこまれてきたのです。それだからこそ、英雄神話に結びつけられたホロコーストではなく、ホロコーストの生存者や彼らにかかわったそれぞれの人の運命を語りたい、それぞれの人の運命に共感する心をもって、伝えたいと思ったのです」と言う。

東ドイツ時代には、常に共産主義の政治的イデオロギー、「資本主義が帝国主義へと発展し、さらに爛熟した形態としてファシズムが登場する。これを打破するのが共産主義だ」という思想に基づいて、ナチスへの抵抗が語られてきた。しかし、ゲルダを助けた多くの人々は、政治的な思想から助けたのではない。ごく普通の人々だ。独裁者に真っ向から反抗することはできなくても、個々人ができる小さな抵抗があったのだ。エルスターマンさんは、この「小さな個人の大きな勇気」に出会えたことが、『ゲルダの沈黙』を書いたことで得た大きな収穫だったと強調する。

ただし、ゲルダの物語を通して自分の家族の歴史をより深く知ることで、彼は家族の歴史に光と影があることを知った。祖母の大きな勇気に出会った一方、チェコで祖父がナチスに加担していたという、加害者としての暗い過去にも出会ったのだ。また、ゲルダの逃亡を助けてくれた兵士が、自分の家庭では、家族を裏切るとんでもない破廉恥な男だったことも、後の調査でわかった。

共産主義がファシズムを根絶した

東ドイツでは、戦争責任の問題も、共産主義のイデオロギーにしたがって解決してしまったと言う。エルスターマンさんが、各地の学校に出かけて『ゲルダの沈黙』の朗読活動を続けるのも、こうしたイデオロギーにとらわれない真の歴史像、ありのままの事実を伝えたいからだ。

東のイデオロギーによると、すべての悪は西側ファシズムからやってきた。共産主義がこのファシズムを根絶してホロコースト犠牲者を救出したのであり、こうして責任をとることで戦争の罪を免れたと解釈した。「東ドイツの国民は、私も含めてみな、このイデオロギーにベルリンの壁崩壊までずっと束縛されてきました。東ドイツはすでに戦争責任を果たしたとみなされていたので、西ドイツが経験したような68年変革が必要なかったのです」とエルスターマンさんは話す。

歴史教育においても、中心となるのは共産主義に基づく階級闘争の歴史だ。東ドイツではホロコーストもこの歴史観の理解に利用された。ホロコーストをファシズムの行き着くところと位置づけ、それを共産主義が解放したという図式で理解した。生徒はこうした理解のもとで、ホロコースト記念施設の見学をしたのだ。そのため、東ドイツにある強制収容所跡には、このイデオロギーをアピールする記念像や記念碑が数多く立ち、西側にある収容所跡と様子が異なると言う。

私はこのことを自分の眼で確かめるため、機会を改めて、旧東ドイツの古都ヴァイマル近郊にある「ブーヘンヴァルト強制収容所跡記念施設」を訪ねた。

この収容所跡記念施設そのものは、ダッハウなど西側のものと大きな違いはなかった。1990年以降、統一ドイツの歴史観に基づいて追悼記念施設が拡充されたのだ。ブーヘンヴァルトが西側の施設とまったく異なるのは、東ドイツ時代に建てられた「警告の碑」である。これは、強制収容所が置かれた丘陵に、肩をならべるようにして、第三帝国に抵抗した共産主義の英雄たちのモニュメントを建て、建国神話や反ファシズムを思い起こすための記念施設としたものだ。単なる個別の記念碑や記念像ではない。ファシズムに反逆する人民の姿を描くレリーフがいくつも回廊にそって展示され、各国の犠牲者を追悼する墓に見立てた巨大な環状のモニュメントが、丘陵の広大な斜面全体に配置されている。高台には自由の塔と呼ばれる高い鐘楼が立ち、その前には、ファシズムに勝利して毅然と立つ人民の一団が、英雄の像として置かれているのだ。確かにエルスターマンさんの言う通り、このようなものは西側の強制収容所記念施設では見られない。訪れる人はみな、その巨大な施設に声も出ず、ただ見上げるばかりだ。

親愛なるゲルダ様

エルスターマンさんは、すでにドイツ各地の50を超える学校で、『ゲルダの沈黙』の朗読会をおこなってきた。彼は、自分が東ドイツ時代に、政治的イデオロギーにとらわれた歴史教育を受けてきただけに、朗読会では絶対に偏った思想をもちこまないよう心がけた。何よりもまず、生徒の心に、生徒の感情にふれるように語ろうと努めたのだ。「自分は歴史家ではありません。生徒の感情にふれること、共感を呼び起こすことが先決です。歴史について語るのは、その後で歴史の教師がすればよいことです」と、彼は共感をよぶ朗読に心がけたことを強調した。

エルスターマンさんが各地の学校でおこなった『ゲルダの沈黙』の朗読会や、映画鑑賞と対話の会では、歴史の授業で現代史を学んだ9年生以上の生徒、たいていは12年生、13年生といった上級学年の生徒が対象となった。どの学校でも、大きな反響があった。生徒は授業でファシズムやナチスの戦争犯罪について習ってはいるが、すでに60年も前の出来事であり、「遠い昔に起こったこと」として身近に感じることができない。それに対し、ゲルダの物語は今生きている実在のゲルダの話であり、共感を呼び起こすのだ。

朗読会に参加した生徒が、その感動をありのまま、言葉にしてゲルダに手紙を書いている。

親愛なるゲルダ様

エルスターマンさんの朗読を聞いて深く心を動かされたことについて、私の思いを綴ってみたいと思います。すごいとしかいいようのない、あなたがしてきた真実の体験談を、若者にも共有させようと、あなたが沈黙を破ったことに大変感動しました。

あなたがこれらのことをどのように成し遂げたのか、私には想像もつきません。あなたが逃亡を成功させるためにどれほどの勇気が必要だったのか、私はただただ驚くばかりです。また、兵士が自分の命の危険をかえりみず、あなたを助けてくれたことにも心を動かされ、尊敬の念をもちました。この同じ人物が、家庭ではまったく違った姿をもっていたことには驚きましたが、戦争は時として、人間に思いも寄らない行動をとらせるのかもしれません。
いずれにしても、当時のような難しい時代に、自分のことよりも他人のことを思いやる人がいたことに大変感激しました。ゲルダ様、結局のところ、あなたに沈黙を破らせたのはいったい何だったのですか？……

（モーリス・F）

また、自分たちの世代や家族の歴史と関連づけて洞察する手紙をゲルダに送った生徒もいる。

親愛なるゲルダ様
エルスターマンさんの朗読会からずっと心が震えています。あなたが生き延びた物語に心から感動し、ナチスの恐ろしい犯罪行為に深くショックを受けました。しかし今日もなお極右やファシズムを信奉するやからがいます。悲しいことに、最近ドイツの若者の間に、自分をナチスに見られるように誇示し、そのイデオロギーで武装していることを喜ぶ者が増えています。それだからこそ、エルスターマンさんが『ゲルダの沈黙』を書いたことに大きな意義があります。今回の朗読会にも、極右のグループに近づいている生徒が来ていました。彼らも『ゲルダの沈黙』という生き証人の体験談に、心を動かされたようでした。極右のおこなう憎悪のプロパガンダに加担し、ユダヤ人抹殺やアウシュヴィッツの事実を否認することが、いかに愚かなことであるか、彼らも気づいたようでした。『ゲルダの沈黙』は、特に私たちのような若い世代に、極右の総統崇拝や人間憎悪がいかに無意味で危険なものであるのかを教えてくれます。だからこうした体験を綴った本は重要であり、なくてはならないものなのです。

さらに、この朗読を聞いて、私自身の家族の出来事を思わずにいられませんでした。私のロシア側の親戚にはナチスに殺された人もいたからです。他方、私のドイツ側の祖父は、15歳で強制的に兵士として戦争に駆り出され、生き延びはしたものの、ひどいトラウマをもって帰ってきました。いくら頼んでも、祖父は当時の体験や記憶を一切話してはくれません。しかし沈黙してしまうことで、新しい世代に向けた生き証人たちの賢明な助言が失われてしまうのです。若い世代はあなたのような生き証人たちの体験談を知らなければなりません。特に極右に走りつつある若者に必要です。生き証人の報告と助言によってのみ、新たな悲劇や破局を防ぐことができるのではないでしょうか。

ゲルダ様、あなたが沈黙を破ってくださったことに心から感謝いたします。……

（ヤン・B）

また、移民が多い地区の学校で朗読会をおこなったとき、クラスの生徒のほとんどがトルコ人の子弟だった。移民の子どもたちにとってみれば、ゲルダの話は本来自分たちの国や民族の歴史とは関係ない。エルスターマンさんは、最初、移民の子どもたちはゲルダの話に興味をもつだろうかと心配したが、それは杞憂だった。トルコ人の子どもたちも大いに共感してくれたのである。

エルスターマンさんがコンスタンツのフンボルト・ギムナジウムを訪れて、映画『ゲルダの沈黙』を観た生徒たちと対話の場をもったときには、生徒からこんな感想がでた。

「今までホロコーストについて資料で学習し、ビデオを観たり、強制収容所記念施設を見学したりしてきました。どれも残虐で悲惨なものが多く、正直言ってうんざりしてしまいました。しかし、この『ゲルダの沈黙』は、ホロコーストの悲惨さを伝える場面でも、目を背けたくなるようなむごたらしい映像や描写がなく、人と人との関係を重視した表現で、好感がもてました……」

過去の事実を包み隠さず直視することは大切だが、あまりに残虐なものを繰り返し見ると、嫌悪感だけが大きくなる。歴史を学ぶ際、対象となる歴史上の出来事をできるだけ自分に引きつけて、自分の問題に置き換えてみることが大切だ。そうすると、その歴史上の出来事や人物に共感したり、批判したり、自分の価値判断に従って評価することができる。ところが嫌悪感が先に立つと、自分に引きつけるどころか、身も心も引いてしまうことになる。教師や大人の責任において歴史を学ぶ対象を選び、その与え方に工夫する必要があるのだと思う。

例えば、ホロコーストの悲しみを伝えるのに、必ずしも、死体の山を見せなくてもよい。アウシュヴィッツで生まれたゲルダの娘が、ナチスのせいで母乳を与えられず、生を受けてたった2週間で、母の腕の中で餓死していった、と伝えるだけでも十分だと考える。ドイツの学校では、授業でホロコースト関連施設を見学するのは、たいてい日本の高校生にあたる年齢になってからだ。

脳裏に焼きついた「東と西」

ドイツの旧東側にある学校でおこなった朗読会と旧西側にある学校でおこなった朗読会を比べてみると、生徒たちの反応に違いはなく、どちらにおいても同じように大きな反響があったと言う。ところが、大人のために旧東側、旧西側の書店でおこなった朗読会では、はっきりとした違いが表れた。「西側では、東側の人間の視点から見て著した書籍には、あまり関心がないようです。逆に東側では、自分たちのこととして大いに共感し、さまざまな議論がありました」とエルスターマンさんは苦笑いしながら話してくれた。西ドイツと東ドイツという当時の対立図式を、いまだに脳裏に焼きつけている西側の大人たちには、東側の人間の歴史観には興味がない人が少なくない。

エルスターマンさんは、「東と西」について、今彼が感じている違和感について話してくれた。ドイツが統一してベルリンは一つになり、旧東ベルリンも西側に劣らず非常に都会的になってきた。だが、東ドイツ時代からそこに住む旧い住民にとってみれば、何だか居心地が悪くなったと言う。そういう都会的な光景になじめないし、よそよそしくて妙な気分がすると言うのだ。

「東ドイツ時代に身についた感情が、こんなに長く残るとは、思ってもみませんでした。いまだに、その感情にとらわれています。私はずっと東側に住んでいますが、だんだんとよそよそしく変わっていきます。それでもまだ、今のところ西側よりはましです。私はいまだに西側に来ると落ち着かないので、用のない限り、あまり西側には出てこないんですよ。」

もちろん、ドイツ統一によって、自由に意見を語ることができるようになったのは、素晴らしいことだ。彼は東ドイツ時代の体制や、その当時の自分について自己批判している。当時は常に二枚舌を使い、家庭内でする話を、学校や職場で漏らさないようにしていた。他方、彼の妻は東ドイツ時代のほうが良かったという思いを、いまだにもっていると言う。今とくらべて、失業など経済的な危機が少なく、もっとゆったりとした社会で、ストレスも少なかったからだ。そのかわり緩慢とした社会で競争がなく、活気がなかったのも事実である。「私の家庭には異なる考えが二つあり、子どもたちは民主的に両者の考えを聞いて育っています。これはいいことだと考えています」と彼は話す。

ドイツが統一してから20年が経ったが、西側と東側に住む人たち、特に、体制の異なる二つのドイツがあった頃の体験をもちつづけている大人たちの考え方や感情には、まだまだ違いがあるようだ。当然、過去の歴史へのとりくみ方、感じ方にも差があるのだろう。

これを調整し、統一していくのが、学校における歴史教育であり、民主主義や平和についての教育にほかならない。実際、『ゲルダの沈黙』朗読会の反響について大人たちに見られる東と西の違いが、子どもたちには見られなかった。今日、統一ドイツの子どもたちにとって東と西を区別する必要もなく、大人が感じる違和感もなくなってきていることを示している。過去の過ちを二度と繰り返さないために、世代を超えて記憶を伝えていくことが重要だ。確かに、何世代にもわたると過去との心理的距離が大きくなる。だが、若い世代は直接的な体験がないだけに、それと結びついた感情的なしこりがない。素直に過去の記憶を受け止めることができるのである。

3　市民に伝える記憶

２０１０年11月17日付の「朝日新聞」に、「被爆の記憶　世界へ」と題して、広島・長崎の被爆者のなまの体験をインターネットを使って伝えていく事業が始まったことが、アピールされていた。このインタビュー記事の中で評論家の立花隆さんが、「戦争の記録を残しておくことはいま、喫緊《きっきん》の急務だ。被爆者や戦争体験者は、日々確実に亡くなっている。いま記録しておかないと、彼らのなまの記憶や体験は消えてしまう」と訴えている。立花さんは広島、長崎とならんでナチスによるホロコーストの記憶についても言及しているが、ドイツにおいても日本と状況はまったく同じだ。ドイツでも記憶をどう伝えていくかが、緊急の課題となっている。

今や、記憶を伝えていく作業は、学校教育とならんで一般市民にも広げていく必要がある。過去の記憶を広く社会で共有し、伝えていくべき文化にまで高めていくことが重要なのだ。ドイツではホロコーストの記憶の伝承について、学校と同様、市民の場においても、ドイツ・イスラエル協会やユダヤ教会などがイニシアチヴをとっている例が多く見られる。ユダヤ人の迫害や虐殺の追悼記念日に、ドイツ各地で、時代の生き証人が体験を語る会が催され、市民のホロコーストの記憶を新しくし、「二度と繰り返してはならない」という決意を改めて確認する努力を続けているのである。

帝国ポグロムの夜に聞く

２０１０年11月９日夜、コンスタンツのカルチャーセンターで、コンスタンツ・ユダヤ教会、ドイツ・イスラエル協会、キリスト教・ユダヤ教共同事業協会、それに地元の郷土史学会が共同主催団体となり、１９３８年11月９日の「帝国ポグロム（迫害）の夜」を記念した講演会が開かれた。11月９日と言うと、私にはまず１９８９年11月９日のベルリンの壁崩壊が思い起こされるが、ドイツ現代史の中では、帝国ポグロムの夜も、大きな画期をなす出来事となった。その夜、ナチスがドイツ中で一斉に、ユダヤ礼拝堂やユダヤ人商店を襲撃したのである。毎年、この記念日には各地で講演や行事がおこなわれており、今回、私もコンスタンツの催しに出かけた。

コンスタンツの講演会では、まず、帝国ポグロムの夜にコンスタンツのユダヤ人教会が襲撃されたときの様子が記録された文章が朗読された。襲撃されたユダヤ礼拝堂やユダヤ人商店では、砕け散ったガラスの破片が放火の炎でキラキラと光り、まるで水晶が輝いているかのように見えたことから、この事件は「帝国水晶の夜」とも呼ばれてきた。

当時の人が書いたこの事件記録の朗読に続いて、地元のユダヤ人一家に生まれた女性が、ナチス時代をどう生き抜いたか、彼女とその家族の体験について語った。語り部は、85歳になるハンネローレ・ケーニヒという小柄で優しそうなおばあさんだ。

ハンネローレはどう生き抜いたか

ハンネローレは、1925年にコンスタンツ近郊、ボーデン湖畔ヴァンゲン村のユダヤ人ヴォルフ一家に生まれた。彼女の祖父は、ヴァンゲン村を拠点に家畜商を営んで豊かな財産をきずき、村の代表を務めていた。父は医学を修めて村で開業し、地元の人々から信望を集めていた。つまり、ユダヤ人だからと言って差別や迫害を受けるわけではなく、他のドイツ人の村人とも仲良く平和に暮らし、そして彼らから尊敬されていたのだ。少なくとも、1933年にアドルフ・ヒトラーが政権を獲得するまでは。

ナチス時代になると、村にナチス党員の医者がやって来て、父の患者の多くがそちらに行くようになってしまった。以前はハンネローレの誕生会に学校の友人みんなを招待していたのだが、もう誰も来てくれなくなった。

やがて、父はドイツ人を診察する資格をはく奪されてしまう。何人か父を信頼する患者が夜にこっそりと訪ねてきていたが、もはや生計を立てることはできなくなってしまった。1935年に「ニュルンベルク法」が成立し、ユダヤ人が法律で差別され、資格や人権が奪われてしまったのである。

そして、1938年11月9日夜から10日にかけて、帝国ポグロムの夜事件が起こる。

11月10日、ハンネローレが学校のある町から帰ってくると、村のユダヤ礼拝堂が燃えていた。ナチスが全ドイツで一斉にユダヤ礼拝堂やユダヤ人商店を襲撃し、火を放ったのだ。母は泣き崩れ、父は見るも無残な姿で、呆然と立ちすくんでいた。ナチス親衛隊が父やほかのユダヤ人を襲い、殴る蹴るの乱暴をはたらいたのだ。父は先の第一次世界大戦でドイツ軍兵士として活躍し、数々の勲章をもらっていたが、ナチスはそれも踏みにじっていった。そして、夜になるとナチスは父を連行し、ダッハウ強制収容所に送り込んでしまう。

ダッハウはアウシュヴィッツのような絶滅収容所ではなかったが、そこで父は散々な目に合わされ、何度も死のうかと思ったと言う。4週間後、父はダッハウから奇跡的に戻ることができた。だが、もはや父が生きる道はスイスに逃れることしかなかった。1939年、大戦が勃発する直前に、父は家族をおいて単身、命からがらスイスに亡命した。

他方、母はカトリック教徒だったため、母とハンネローレたち姉弟は、強制収容所送りになることは免れる。しかし、祖母やおばたちは順々にフランスの西の端、スペインとの国境に近いグルスの強制収容所へと送られていった。その後、スイスに逃げた父の計らいで、祖母たちはグルス収容所から戻ってスイスに亡命したが、間もなく祖母は亡くなる。さらに、母が結核にかかる。何とかスイスで療養させようとした父の努力も実らず、母もまた1942年に他界した。

とうとうドイツに保護者がいなくなってしまったハンネローレたち姉弟は、その後、半ば孤児状態で各地を転々とし、戦火を潜り抜けて終戦を迎えた。そして、戦後故郷に戻り、幸いにも父に再会することができたのである。

さらにこの物語には後日談がある。スイスに亡命していた間に、父はドイツ人の親友の助けを借りながら、多くのユダヤ人をドイツからスイスに逃亡させていたのである。父はそのことを黙っていたが、父の死後、何十年もたってから、父に命を助けてもらったというユダヤ人夫妻から手紙が届いた。二人とも父の計らいでスイスに亡命することができ、戦後結婚してアメリカに渡ったと言うのだ。そして2005年、ハンネローレはニューヨークに飛び、父が助けた女性（93歳）に出会い、喜びを分かち合った。

減りゆく時代の生き証人

コンスタンツの「帝国ポグロムの夜」記念講演会では、300名ほど入るホールがほぼ満員になった。それほどに市民の関心は高い。波瀾に富むハンネローレの生きざまは、人々の心を揺さぶった。

高齢で小柄なおばあさんなのに、1時間半の間、一気に語ってくれた。生きる力というより、生き抜く力を感じた。

ホールに集まった聴衆を見渡してみると、中年以上、年配の人たちが多く、若者の姿はまばらだった。若者は関心がないのだろうか。会場に居合わせた二人の大学生に声をかけ、今回の講演や、過去の問題について話を聞いてみた。

オリヴァー君は23歳の大学生で、歴史学を専攻し、ギムナジウムの歴史教師になることをめざしている。卒業試験のテーマにユダヤ人問題を選んでおり、このテーマに関心が高い。また、この講演会の共同主催者である郷土史学会の会員で、そこから情報を得て講演会にやってきた。今までこうした会にはあまり出たことがなかったが、関心がなかったからではない。時代の生き証人が博物館の展示物のようにされるイメージがあり、それで今まではこうした講演会は、気が進まなかったのだと言う。

「ユダヤ人迫害やホロコーストの過去について、現在、多くのドイツ人が自分自身には直接関係がないと考えています。過去と向き合わなければなりませんが、罪の意識にとらわれる必要はないでしょう。われわれの世代は、もはや個人としては過去の罪に責任はありません。しかし、自分を〝ドイツ人〟と集合的に呼ぶのであれば、過去のドイツ人が犯した罪から逃れることはできないでしょう。ただ、その一方で、ホロコーストだけを特別視することに危険があります。今日イスラーム教徒について語られることは、当時ユダヤ人に対して語られたことと大差はありません。移民統合問題が騒がれる昨今、イスラーム過激派のテロ事件が相次ぎ、ネオナチだけでなく多くのドイツ人が、イスラー

帝国ポグロムの夜、集まった市民は、年々減りゆくホロコースト体験者の話に耳を傾ける。

ム教徒全般に対して排他的な差別感情をもつようになってきています。今、若者たちは、過去にナチスが犯した残虐行為に対してだけでなく、特定の民族を排他的に差別する行為を犯してしまう思想をこそ、拒否することを学ばねばなりません。」

オリヴァー君はしっかりと過去と向き合い、しかも、歴史を相対化して見ることで、ユダヤ人差別の枠を取り払い、人種差別全般について警鐘を鳴らしている。

大学院生のダニエル君は27歳、彼もまた歴史学を専攻しており、所属する郷土史学会の会員として、この講演を聞きに来た。昨今、戦争体験を語ることのできる生き証人が減ってきているので、ぜひこのような機会を利用したかったそうだ。

「今回の講演は全般的に良かったと思います。でも、正直言うと、私はこの講演をずっと批判的な立場から聞いていました。と言うのは、こうした生き証人の体験談では、語り部はお客が期待して聞いているということを知っているので、その点に気をつけなければならないからです。つまり、話をわざと誇張したり、尾ひれをつけたりということが起こりうるのです。また、語り部がその体験をした当時はまだ子どもであり、時とともに記憶は薄れていくものです。今回の講演でも、ときおり不確かに聞こえる箇所がありました。」

ダニエル君は、さすがに歴史学で博士をめざす大学院生だけあって、批判精神をもって歴史を見る立場を明らかにしていた。これもドイツの歴史学研究の特長だ。生き証人の体験談は、共感と感動を呼び起こすが、感情に流されてしまうと事実が見えなくなることがある。しかし、記憶は感情とともに心に刻みつけられる。心が大きく揺さぶられるほど、記憶も深く刻まれるのだ。

今回の講演会に若者の姿は少なかったが、ドイツの若者がこうしたテーマに関心がないわけではない。おそらく、きっかけがあるか、ないかの問題だろう。講演について話を聞いた大学生は二人とも、しっかりと冷静に過去と向き合っており、頼もしく感じた。

ドイツの学校では、子どもたちに戦争やホロコーストの歴史とその記憶を伝え、生き証人の体験談を聞く機会も与えている。その際、ただ記憶を伝えるだけでなく、それについて考えさせ、共感させ、さらに、記憶を伝えることの大切さを感じとらせる努力を続けている。市民の間でも、ユダヤ人の迫害や犠牲に思いを馳せる記念日に、時代の生き証人の体験談を聞き、記憶を新たにする機会をもっている。また、市民の呼びかけをきっかけにして、各地にホロコースト追悼記念碑が建てられている。

連邦議会も、毎年1月27日の国際ホロコースト追悼記念日に、ホロコースト生存者を招いて演説してもらい、人類の平和を願って「同じ過ちを決して繰り返さない」決意を新たにしている。特に２０１１年のホロコースト追悼記念日には、初めてシンティとロマ（ジプシー）の生存者が、連邦議会に招待されて話題を呼んだ。統一ドイツでは学校に限らず、社会のさまざまな場において、それぞれの場にふさわしい記憶の伝え方を模索し、実行する努力が続けられているのである。こうして記憶と記憶へのとりくみが、文化として社会に根づいていくのだろう。

コラム

変わりゆくドイツの学校制度

ドイツの学校制度について語るとき、まず大前提として、16州から成る連邦制国家ドイツの教育行政は各州政府（文部省）が自主・自治権をもち、州ごとに独自の制度をとっていることに注意しなければならない。このことがドイツの教育政策や教育問題を複雑にしている。また、2000年に実施された国際学習到達度調査（PISA）では参加32カ国中、「読解」21位、「数学」と「科学」でそれぞれ20位という結果で、ドイツの生徒の成績が他の主要国と比べて一段と低かった。この「PISAショック」がきっかけとなって、現在学校制度の見直しと教育改革が進められており、試行錯誤の状況が続いている。

一般にドイツでは満3歳で幼稚園に入り、満6歳で小学校に入学して義務教育（州ごとに異なるが9年間が最も多い）が始まる。小学校は4年間で、4年生前半の主要教科（ドイツ語と算数）の成績をもとに、本人や家族の希望も考慮して、卒業後に進学するコース（学校）を決める。進学コースは、伝統的には3つ。大学進学を念頭にアビトゥア（大学入学資格試験）受験をめざす中高一貫校の「ギムナジウム」。専門性の高い職業に進む学力をつける中学校の「レアールシューレ」。基礎学力の習得をめざす中学校の「ハウプトシューレ」。最初の2年間はオリエンテーション（コース調整）段階とされている。レアールシューレやハウプトシューレに進んでも、卒業時に上級学校に進学する資格をとれば、大学進学への道も開けてくる。また、伝統的な3コース別の学校と並んで、3コースを一つの学校に集めた「総合学校」も置かれている。総合学校には、教科ごとにコース別授業をするタイプと、元から3コースにそってクラスを分けるタイプがある。そのほか、レアールシューレとハウプトシューレを一つの中学校に統合し、ギムナジウムと併置する2コース制をとる州もある。

伝統的な3コース制度は、将来の進路を早く決めすぎると批判されるほか、この分類が社会的不平等を助長していると指摘されている。近年大学進学熱が高まり、大学への進学率が高いギムナジウムやレアールシューレに人気が集中し、ハウプトシューレが敬遠される傾向が強まっている。その結果、統計的に見て貧困家庭や移民家庭の子どもたちが、ハウプトシューレに多く集まっているのである。現在、ハウプトシューレの廃止やレアールシューレとの統合も検討されている。さらに、2011年以来緑の党と社民党が率いるバーデン・ヴュルテンベルク州では、2012年度新学期（12年9月）から、すべての学力水準の生徒を集めていっしょに授業をする新しいタイプの「共同学校」を併置する。この学校では障がいをもった生徒もともに学ぶことがめざされている。

また国際比較の観点から、ギムナジウムでの学習年数を伝統的な9年から8年に短縮する制度改革が、ここ数年進められてきた。大学入学に必要な小学校からの総学習年数を、国際標準の12年に合わせるというわけだ。しかし本来9年間の学習内容を8年間で修めるつめこみ教育になり、授業時間数が増えて子どもの自由時間を奪う、と批判の声が収まらない。そこで8年に短縮した制度をまた9年に戻そうという動きも出てきている。同様に、大学でも国際標準に合わせる新しい欧州統一制度への移行が進んでいるが、この新大学制度に対する批判も多い。

ドイツの学校制度改革は現在試行錯誤のまった中で、当分落ち着くことはなさそうだ。

バーデン・ヴュルテンベルク州の学校制度
（2012年4月現在）

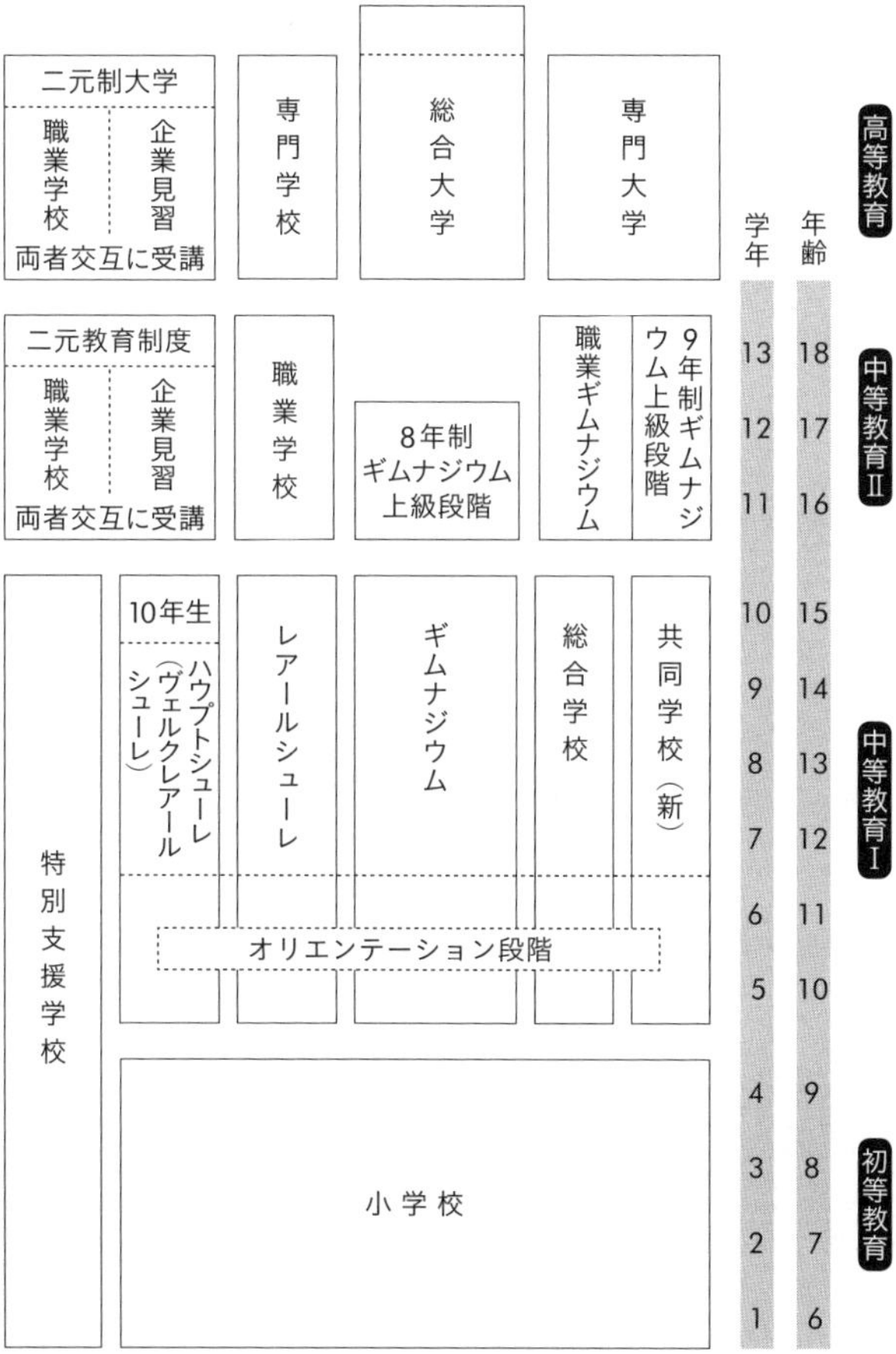

（注）ドイツでは、保護者の希望により、学校や専門家と相談の上、子どもの発達にあわせて小学校への入学年齢を選択できる。

第2章 記憶は変わる

Erinnerungen wandeln sich

第1章で見てきたように、ドイツの歴史教育は「過去の克服」と結びついて確立し、今や各国から模範とみなされている。だが、第二次世界大戦直後からそうだったわけではない。ここに至るまでの道のりは、決して平たんではなかったのだ。過去の記憶や歴史認識には、その時代、その国、その国民の思いや価値観がこめられ、それは時とともに移り変わっていく。過去の克服は、この移り変わる記憶や歴史認識にとりくむことにもなるからだ。それでは、戦後ドイツの記憶と歴史認識は、過去から現在にかけてどう変わってきたのか。今後、未来に向けてどのような展望があるのか。そうした変化が、ドイツの「過去の克服」と歴史教育に、どのように影響してきたのか。さらに、戦後から統一を経たドイツにおいて、記憶が社会や文化の要素としてその発展にどう影響し、その発展の中で「記憶の文化」がどのように登場したのかをたどってみよう。

1　戦後二つのドイツの記憶と歴史認識の変化

68年運動から始まった「過去の克服」

ドイツは戦後まもなく、ナチスの戦争犯罪や第二次世界大戦の過去とのとりくみを始める。しかし、最初から一貫して真摯な態度で臨んだわけではなかった。戦後の政情や国際情勢の変化とともに、国としての歴史認識も変わり、過去とのとりくみ方も大きく変わっていった。

戦後の東西対立が、1949年に東西二つのドイツを生んだ。西ドイツのアデナウアー政権は、戦後復興を急ぐあまり、民主化を進めると同時に、当時の世論にも配慮しつつ、旧ナチ関係者の社会復帰を優先した。その結果、ホロコーストについては1950年代終わりまで、ほとんど顧みられることがなかったのである。

私が以前勤めていた日本人学校でドイツ語を教えていたヴェルナー・フーバー先生は1940年生まれだが、終戦直後の混乱期に、旧ドイツ帝国の東部地域（戦後のポーランド領）からドイツ西部に逃げ帰ってきた。大戦末期にソ連軍がこの地域を占領し、数百万人のドイツ住民が着の身着のままで土地を追い払われたのだ。逃亡途中にはポーランド側から迫害を受け、多くの命が失われたと言う。

フーバー先生は村を襲ってきたソ連兵のことをいまだに覚えている。手当たり次第に民家を襲って略奪し、女性に乱暴したと言う。先生は母親に連れられて、ドイツの黒い森地方にあった父親の家へと逃げ帰る。だが、フーバー先生は父親の顔をよく知らない。父は、彼が生まれてすぐにドイツ国防軍兵士として戦場に行き、そのままソ連軍の捕虜となったのだ。終戦後、父はソ連のどこかの抑留地で亡くなってしまうが、確かなことはわからずじまいだった。

「あの頃は、毎日毎日、とにかく自分たちが生き延びることで精いっぱいだった。ホロコーストのことなど考える余裕はなかったのです」とフーバー先生は終戦直後の時代を振り返る。当時のドイツ人には戦争の被害者としての意識をもつ人が多く、世論もそれに同調した。戦争責任はすべてナチスに押しつけ、自らの過去の責任には目をつぶったのである。

確かに、1952年にアデナウアー政権は、イスラエルとの間にルクセンブルク協定を結んで補償を約束した。1956年にはナチ犠牲者の補償について定めた国内法も成立させた。ところが、これらは西側陣営における西ドイツの名誉を挽回するための外交政策であったと言われている。この時期、ダッハウ強制収容所跡の火葬施設が、取り壊されそうになった。1955年に生存者が再設立した国際ダッハウ委員会が施設保存を訴え、この訴えが西ドイツの主権回復を認めるパリ諸条約に追加されることで、何とか取り壊しを免れたのだ。

1950年代末、反ユダヤ主義の事件が続発した。これに触発され、西ドイツ全州の文部大臣が、現代史に重点を置いた歴史教育のガイドラインを決めた。また、ナチスの犯罪を追及した「アウシュヴィッツ裁判」がおこなわれ、ホロコースト犠牲者団体から督促を受けて、追悼記念施設が建てられるようになったのもこの頃である。ようやくホロコーストにとりくみ始めたのだが、まだまだ不十分であった。

ドイツの暗い過去にふたをする風潮に決定的な打撃を与えたのは、「68年運動」と呼ばれる学生運動だった。当時各国でヴェトナム反戦などを訴えて学生運動が高まっていたが、1968年には西ドイツでも多くの学生、市民、労働者をまきこんで、既存の政治体制に対する大規模な抗議運動が起こったのだ。この68年運動をきっかけに、戦後生まれの若い世代が、ナチスの過去を厳しく批判するようになる。特に、過去とのとりくみをめぐって、親の世代と激しく対立し、過去を直視することを訴えたのである。こうしてドイツの「過去の克服」が始まった。

１９６９年、この変革を求める風を受け、かつて反ナチ闘争に参加した社会民主党のヴィリー・ブラントが西ドイツの政権の座に着いた。彼は東側諸国との関係改善をめざす「新東方政策」を進め、歴代のどの首相よりも真摯な態度でドイツ人の戦争責任を明らかにした。１９７０年にワルシャワゲットー蜂起記念碑の前にひざまずく彼の姿が全世界に報道され、西ドイツが旧交戦国と和解しようとする姿勢を身をもって示した。ナチスの犯罪や第二次大戦についての記憶が一気に政治化したのだ。

１９７９年にはアメリカのテレビ映画『ホロコースト』が西ドイツでも放映され、ホロコーストに対するドイツ国民の関心が高まった。この作品は、『ルーツ』も手がけたマーヴィン・Ｊ・チョムスキー監督によるもので、その前年には全米で大反響を呼んでいたのである。ベルリンで幸せに暮していたユダヤ人医師ワイス一家が、ナチスの残虐なユダヤ人迫害に巻きこまれ、家族それぞれが壮絶な運命をたどっていく。監督はホロコーストの実態を徹底的に再現しようとした。この『ホロコースト』を見て、ドイツの大衆の意識が一変し、ナチスの過去への批判が非常に強まったのである。テレビ映画というメディアの影響が、いかに大きいかを思い知らされる出来事だった。

だが、過去にとらわれつづけるとドイツの自尊心が取り戻せなくなると、過去と縁を切ることを願う保守派も常に存続した。そこで、1985年5月8日、終戦40周年記念のドイツ連邦議会で、リヒャルト・フォン・ヴァイツゼッカー大統領は「過去に目を閉ざす者は、現在にも盲目である」と演説し、保守の風潮にくぎを刺したのだ。歴史に残る名演説とされ、国の内外から絶賛された。

翌1986年、ホロコーストを人類史上例がない残虐行為として断罪する立場に対し、ホロコーストも歴史上の他の事件と比較できるとし、その意味を矮小化しようとする主張が現れる。これが知識人の間に大論争を呼び起こし、「歴史家論争」と呼ばれた。結局、ホロコーストは戦後ドイツ民主主義の原点であり、ナチスの過去を記憶し、反省することは、ドイツ国家の基盤にかかわる重大なことと結論づけられた。ここに、ドイツの「過去の克服」への姿勢が揺るぎないものとなる。この立場がドイツの良識として、ドイツ統一後も今日に至るまで、引き継がれているのである。

このように時代を追って、西ドイツにおける過去とのとりくみをたどってみると、68年運動をきっかけに、ブラント政権が新東方政策を展開した70年代から、それに続く80年代にかけて、過去へのとりくみが大きく転換したことがわかる。第3章で見るドイツとポーランドとの教科書対話も、同じく70年代から始まり、「過去の克服」へのとりくみと相互に影響し合うことになった。この時期から、歴史認識や価値観が明らかに変わっていった。真摯に「過去の克服」にとりくむこと。ホロコーストやナチスの戦争犯罪を認め、謝罪して責任を負うこと。ドイツの政府も国民も、このことに積極的な意義を見出し、ドイツの国益にとって必要だとみなすようになったのである。

終戦で「時刻ゼロ」になった

先述のように、西ドイツでは「68年運動」をきっかけに、1970年代から80年代にかけて「過去の克服」がおこなわれ、それと結びついた歴史教育が確立していった。この「過去の克服」と歴史教育は、どのような関係にあったのか。コンスタンツのフンボルト・ギムナジウムで歴史科主任を務めるエルンスト・リーデ先生が、自らの体験をもとに語ってくれた。

リーデ先生は1953年生まれで、ギムナジウムの生徒だった頃に、「過去の克服」が始まる前の歴史授業を経験した。続いて1970年代に改革、転換の時代を大学生として体験し、そして1982年にギムナジウムの教師となって以来、30余年にわたり歴史とドイツ語を教えてきた。

リーデ先生がギムナジウムの生徒だったときに歴史を習った教師は、「歴史は1933年に変わった」といつも言っていた。「1933年」とは、ナチスが政権を獲得して独裁を開始した年だ。この歴史教師がかつてナチ党員だったかどうかはわからないが、旧ナチ党員は戦後まもない復興の時代に、教員や医者、弁護士に復職することが多かったそうだ。

この歴史教師は、「歴史は1933年から1945年までそのまま続き、そして1945年の終戦で「時刻ゼロ」になった」と教えていた。「時刻ゼロ」は、戦後しばらく決まり文句としてよく使われた表現で、「ドイツは1945年5月8日の無条件降伏によってすべてが終わり、新しくゼロから始まった」という意味だ。当時のドイツ人は「過去」について、「ナチ時代に起こったことは、ドイツの歴史上不幸な事故だった。その事故は1945年に終わり、すべてが新しくゼロから始まったのだ。終わったことはもういいじゃないか」ととらえていたと言う。

この「時刻ゼロ」が歴史の教科書にも記されていた。ナチズムについては簡単にしかふれられておらず、ホロコースト（ユダヤ人大虐殺）についての記述も少なかった。人物史を中心に授業がおこなわれ、ナチスの戦争犯罪はすべて、総統ヒトラーやナチス親衛隊および国家秘密警察長官ヒムラーといった特定の人物に責任があったとされた。

「ドイツの一般市民は何も知らなかった」という1950年代に典型的な考え方で、この態度が60年代まで続いたのである。確かに、戦時中一般市民が知らないこともあっただろうが、彼らはみな日々新聞を読み、ナチスの各種団体に所属し、その活動や集会に参加していたのだ。

この戦争を直接経験した世代の「私たちは何も知らなかった」という態度を打ち破る動き、ナチスの戦争犯罪と自分がそれにどうかかわってきたかを直視して責任を認めるよう求める動き、つまり「過去の克服」にとりくもうとする動きが1970年代に始まった。大学で起こった68年運動がそのきっかけとなり、70年代にはギムナジウムなどの学校にもその影響が広がっていく。

歴史授業において、ナチズムが現代史の中心テーマとなり、教科書にもナチスの戦争犯罪やホロコーストが大きく取り上げられるようになった。特に、歴史に「問いかけ」を発する授業、具体的に問いを立て、その問題関心に従って歴史を学習する授業が始まった。以前の歴史授業は人物を中心に扱ったが、それが、国家体制や社会構造を対象にすることが、70年代から80年代の歴史授業の特徴となった。ナチスの戦争犯罪の原因をその国家体制や社会構造に求め、なぜ、どのように戦争犯罪がおこなわれたのか「問い」を発し、批判的に検証する授業が始まったのだ。また、過去の記憶を追体験するため、授業で強制収容所跡記念施設を見学するようになったのも、この頃からである。

リーデ先生は、この時期に執筆された代表的な教科書（第4巻『20世紀の世界』1984年改訂版）を紹介してくれた。教科書のシリーズ・タイトルはまさに「歴史に問いかける」だ。非常に多くの資料や図表、地図を含み、歴史記述のスタンダードワークとして絶賛された。

例えばこの教科書は、「ナチスの独裁は権力者からの強制だけでなく、一般のドイツ市民が下から支えたことで可能となった」点に目を向けさせる。また「未来は、過去と現在もともに加わって決定される」ことを伝えている。さらに、現代史を学習する際の心得として、「歴史上のどの記述や発言に対しても、批判的な態度と距離をもって臨むことが必要不可欠だ」と述べるとともに、「常にさまざまな意見、対立する考えや立場にも、きちんと耳を傾けなければならない。そうでなければ民主主義とは言えない」と説いている。

70年〜80年代の歴史教育が、国家体制や社会構造を問題にするようになったのは、68年運動がマルクス主義の影響を強く受けた大学教授たちに先導された運動であり、彼らがまず最初に「過去の克服」を訴えたからだ、とリーデ先生は話す。当時のヨーロッパは東西二つの体制に分かれて対立し、東西ドイツはまさにその最前線にあった。68年運動を率いた教授たちは、ナチズムを生み出した土壌は資本主義体制にあるとし、70年〜80年代にかけて国家体制を批判する勢力となった。この影響のもとに「過去の克服」が進められ、歴史の授業も改革されていったのである。

ところが、1989年の「ベルリンの壁崩壊」に始まる東欧革命で、マルクス主義を掲げたソ連や東欧諸国の体制が、実際の歴史にはそぐわないことが明らかとなった。ソ連や東欧諸国が、実際には一党独裁の全体主義国家となって民主主義を抑圧し、結局、人民による民主革命に倒されてしまったのである。ナチスによる独裁と共産主義による独裁の過去をもつ統一ドイツでは、「二度と独裁が現れないように、民主主義を徹底する」ことが結論づけられたと言う。

リーデ先生によると、70年~80年代に「過去の克服」と結びついて、今日に通ずる歴史教育や歴史授業の本質が確立した。それは、まず「民主主義の価値と理念をしっかりと学ぶこと」、そして「批判精神をもって問いかけることで歴史を理解すること」、さらに「寛容の精神で異なる意見に耳を傾け、異なる文化を理解すること」に代表される。以来、この歴史授業の核はずっと変わらない。特に「批判精神をもった民主主義の理念を学ぶこと」が最も重要な目的となっている。第1章で見たフンボルト・ギムナジウムの歴史授業にも、「過去の克服」と結びついて確立した歴史授業の本質が生かされていたのである。

旧東ドイツの建国神話

かたや、東ドイツでは大きく事情が違っていた。1949年の建国にあたり、一党独裁体制をとるドイツ社会主義統一党（ＳＥＤ）が、「ソ連による占領統治期間に、反ファシズムの民主主義変革により東ドイツ地域にあったナチズムを根絶した」と宣言したのだ。もはやナチスの戦争犯罪について議論する余地はなかった。この背景には、「ソ連側に立った反ファシズム主義のドイツ人たちがヒトラーの独裁を打ち倒し、新しいドイツを誕生させた」という建国神話がある。東ドイツにとってこの反ファシズムが国家原理であり、侵すことのできない国家の存在基盤だったのだ。

ところが、東ドイツ国民の中で実際にナチスに抵抗して闘った者はわずかしかいなかった。そこで建国神話にまつわる式典をおこない、記念碑や芸術作品をつくり、学校において繰り返し教育することで、反ファシズムの思想を国民全体の記憶の中に植えつけていったのだ。例えば、ブーヘンヴァルト強制収容所跡に隣接して、第三帝国に抵抗した共産主義の英雄たちのモニュメントを建て、建国神話や反ファシズムを思い起こすための記念施設とした。

「記憶のすりこみを続けてきた結果、多くの東ドイツ国民は自ら建国神話を信じて反ファシズムの思想をもつようになり、東ドイツという国家がなくなるまでそれを疑わなかった」と、『ゲルダの沈黙』の著者エルスターマンさんも自身の体験を語っている。

結局、東ドイツでは、ホロコーストやその追悼記念施設も建国神話を美化し、反ファシズムをアピールするために利用された。共産主義の英雄たちがファシズムの手からホロコースト犠牲者を救出したエピソードが繰り返し語られたのだ。しかも、東ドイツでは、西ドイツのような68年運動やそれに続く歴史認識の転換を経験しなかった。それゆえ、建国神話に基づく歴史観が、そのままドイツが統一して東ドイツがなくなるまで続いていったのである。

2　統一ドイツと冷戦後のヨーロッパの記憶

東欧革命の大きな歴史の流れの中でベルリンの壁が崩壊し、1990年に東西ドイツが統一した。東西陣営の冷戦と対立が終わり、EU拡大のもとにヨーロッパの統合が進められ、現在、ヨーロッパ諸国の東西交流も活発におこなわれている。この新しい国際情勢のもとで、統一ドイツは二重の過去と向き合うことになった。それとならんで、それまで過去の問題をドイツに押しつけていたヨーロッパ諸国が、自身の過去と向き合い始めたのだ。

「オッシー」と「ヴェッシー」

1990年、ドイツは統一することで、分断されてきた東西二つのドイツの過去を引き受けることになった。最も、事実上西ドイツが破綻しかかった東ドイツを吸収合併したのだが。

統一ドイツが東ドイツから受け継いだ経済的な負の遺産が大きく、ドイツの新州（旧東側）に対していまだに財政援助が続き、賛否両論これに対する関心は高い。また、統一当初はドイツ社会主義統一党独裁の過去について、シュタージ（秘密警察）文書の検証や体制犯罪の訴追が熱心におこなわれた。

しかし、統一によって国家としての東ドイツが消滅し、あらゆる制度が西ドイツのスタンダードに統一される中、東ドイツ時代の過去がないがしろにされるようになった。ドイツの旧州（旧西側）の人々は、そもそも東ドイツの過去にあまり関心がない。学校の歴史教育においても、戦後のドイツ分断の時代や東ドイツについては、ほとんど授業をしてこなかった。

東側の学校でも、西側の教材や西側の歴史認識に基づく教育に統一されただけでなく、教師自身が東ドイツ時代の過去について語りたがらなかった。それは自分の過去をさらけ出すことにもなるからだ。こうして東ドイツの過去を直接受け継いでいるはずの東側の子どもたちでさえ、その歴史について学校ではほとんど学習してこなかったのだ。

東西ドイツ分断の時代を自ら体験してきた大人の世代には、東側と西側で相互に偏見をもち、それぞれ「オッシー」（「オスト＝東」からの造語）、「ヴェッシー」（「ヴェスト＝西」からの造語）と呼び合った。両者とも「昔は良かった」と統一以前の旧き時代を懐かしむ者が多い。特に東側では、東（オスト）と郷愁（ノスタルジー）をかけ合わせて「オスタルジー」と呼んでいる。

ギムナジウム9年生の最新の歴史教科書の「ドイツ再統一」の章には、こんなオッシージョークが紹介されていた。

東野郎（オッシー）が西野郎（ヴェッシー）に言った。「われわれは一つの国民だ！」

するとく西野郎が答えた。「われわれもだ！」

これは、かつて東ドイツ市民がベルリンの壁崩壊後に、ドイツ統一を要求して掲げたスローガン「われわれは一つの国民だ！」をもじったものだ。オッシーは統一ドイツを念頭に「一つの国民」と呼んでいるのに対し、ヴェッシーは西側のことだけを考えている。

他方、統一後に生まれた若い子どもたちの世代は、東西の違いなくドイツのどの州でも、現在の統一ドイツを喜んで受け入れている。ただし、ほとんどの者が戦後ドイツ分断の時代や東ドイツの歴史について、正確な知識に欠けている。彼らに戦後の記憶についてたずねると、旧西側と旧東側、両側においてそれぞれ偏見や誤りのある答えをする者が多いのだ。

こうした状況を受けて、すでに最新のドイツの歴史教科書は、戦後の東西ドイツ分断の時代、ドイツの再統一とその後の時代について詳しく記述している。新しい教育カリキュラムも、今日の国際社会において統一ドイツがどんな発展をとげているのかを念頭に、戦後の時代をしっかり学習するように指示している。

今、統一ドイツでは、現代史の中でも直近の過去を重視した歴史教育が始まっている。今後この教育が、ドイツ全州で広く深く浸透すれば、子どもたちはみな戦後の時代について共通の歴史認識をもつようになり、偏見や誤りもなくなっていくだろう。統一ドイツが今なお抱える東西ドイツ統合と記憶の問題については、第4章で改めて言及する。

フランスもユダヤ人大量虐殺に加担した

1990年代以降、東西対立と冷戦が終わり、EUを軸としたヨーロッパの統合が進んでいる。今日、ドイツが長年続けてきたナチスの戦争犯罪に対する過去の克服が十分に評価されるようになり、統一ドイツはEUを牽引していく代表国の一つとなった。

この90年代以降の新しい国際情勢のもとで、ヨーロッパ全体が記憶に関心を示すようになり、過去の記憶と向き合い直すことを始めている。ドイツにだけ過去の責任を押しつけていた時代から、それぞれの国が自らの過去にも目を向け始めたのだ。その結果、スイス、フランス、ポーランド、アメリカといった従来ナチスの戦争責任をドイツに追及してきた国々自身が、当時ナチスの政策や犯罪、ホロコーストに加担していた事実が暴露されるようになった。

ヨーロッパ全体が「過去の記憶」に注目する動きの中で、「記憶の文化」という概念が盛んに用いられるようになった。過去の出来事や人物に対し、特定の時代や地域（国）の人々が集団として共有する記憶と、その記憶を表現するものすべてを総称した概念だ。文書だけでなくさまざまな記録媒体によって示されるほか、追悼記念の碑や施設、記念日や記念行事などによってさらに具体的に表現される。「記憶の文化」は、それを担う時代や国の人々の集団アイデンティティを示すことになる。今、ヨーロッパでは「記憶の文化」を探求することが進められているのだ。

現在、この「記憶の文化」が歴史教育においても注目されている。2006年に出版されたドイツ・フランス共通歴史教科書では、戦後の独仏両国の「過去の克服」に関連し、それぞれの国において、大戦についての「記憶の文化」がどう変わっていったかが解説されている。ドイツでは当初ホロコーストに無関心であったのが、68年運動やブラント首相の新東方政策をきっかけに、過去へのとりくみが大きく転換したことが記されている。他方、フランスではナチスのユダヤ人大量虐殺に加担したヴィシー政権の暗い過去に長い間蓋をしてきたが、70年代になってそのタブーが破られ、ようやく90年代になって大統領が暗い過去を認める発言をしたことなどが記されている。「記憶の文化」を探求することや「過去の克服」を自国の問題ととらえることがヨーロッパに広がり、それを比較検討することが歴史教育に取り入れられたのである。第3章では、近年、ドイツと隣国の教科書対話においても「記憶の文化」が注目されているさまを検証する。

繰り返されるジェノサイド

1992年、パリに本部を置くユネスコが「世界の記憶」事業を始め、世界が「記憶」に注目するきっかけをつくった。将来の世代のために、世界的に重要な記録遺産を保存して「記憶」の消滅を防ぎ、その利用を促して重要な記録遺産をもつ各国の認識を高めようとするのが目的だ。2009年にはオランダが所有する『アンネの日記』が、この「世界の記憶」に登録されて話題を呼んだ。

2000年にはストックホルムで「国際ホロコースト会議」が開かれ、世界が注目した。会議では、「ホロコーストが人類史上比類なき出来事であることは、永遠に変わらない普遍の真実である」と宣言された。ホロコーストの惨事を永久に人類が共有する記憶（集団の記憶）に刻みつけるとともに、ナチスに抵抗し、ホロコーストの犠牲者を救おうとして自ら犠牲となった人々のことも、記憶することが呼びかけられた。さらに、現在もなお存在する民族大量虐殺や人種差別、反ユダヤ主義、外国人憎悪に警告を発したのである。

このストックホルムの会議では、当時ヨーロッパの緊急問題であったコソヴォ紛争に、ホロコーストの記憶を重ね合わせていた。1999年にバルカンの地で起こった民族浄化にアウシュヴィッツと同類の犯罪を読みとっていたのだ。ヨーロッパの地に再び「ジェノサイド（民族の集団殺戮）」が繰り返される危険性があると。

1999年には、この紛争に対しNATO軍がコソヴォを空爆した。その際、ドイツ連邦防衛軍を空爆に参加させるため、シュレーダー政権は「民族大虐殺、第二のアウシュヴィッツを防がねばならない」と訴えた。緑の党のフィッシャー外相もこれを大義名分に、元来反戦主義の緑の党を説得した。何と、ナチスの戦争犯罪の記憶を、逆にドイツ連邦軍の参戦の根拠にしたのである。グローバル化したホロコーストの記憶を、政治に利用した例と言えるだろう。

2005年1月には「アウシュヴィッツ解放60周年」に臨み、これを記念した行事がヨーロッパ各

2005年、ホロコーストの犠牲となったユダヤ人を追悼する巨大モニュメントがベルリンに完成した。石碑広場の地下には、ユダヤ人が書き残した個人の記録なども展示されている。

地で催された。ヨーロッパ評議会ではホロコーストの犠牲者を追悼し、犠牲者一人ひとりに負っている責任として、「人間性と民主主義のために闘い続けること」が呼びかけられた。またパリにヨーロッパ最大のショア（ホロコースト）記念施設ができ、ジャック・シラク仏大統領が、「ホロコーストを否定する者は法により厳しく罰されなければならない」と訴えた。ベルリンにもホロコースト追悼碑（「ヨーロッパで虐殺されたユダヤ人を追悼する記念碑」）が完成した。ゲアハルト・シュレーダー独首相は、国際アウシュヴィッツ委員会の式典で、「ネオナチの扇動やナチスの犯罪を矮小化しようとする動きに敢然と立ち向かおう」と呼びかけた。アウシュヴィッツの生存者を招いた国連総会が特別に開かれ、ヨシュカ・フィッシャー独外相が演説した。そして11月には、アウシュヴィッツが解放された1月27日を「国際ホロコースト追悼記念日」とすることが、国連総会で決議されたのだ。

続いて2009年の国際ホロコースト追悼記念日に、ベルリンで国際アウシュヴィッツ委員会が「記憶を保持せよ、現場を保存せよ、責任を引き受けよ」というアピールを発信した。特に、ホロコースト生存者で元ヨーロッパ議会議長のジモーネ・ファイル氏がかつてドイツ連邦議会でおこなったアピールを、ここで改めて強調した。

「ヨーロッパは共通の歴史全体を、その光の部分も影の部分も、すべて心に留めなければなりません。加盟各国は自らの過ちを認め、真摯な態度で隣国に臨むことができるように、自らの過去にも真摯な態度で臨まなければなりません。」

国際アウシュヴィッツ委員会は「最後の生き証人」の名で、ドイツとすべてのヨーロッパの国々、国際組織に向けて、「記憶」を未来に伝え、保存し、尊重することを呼びかけた。特に若い世代に、「正しく平和で寛容な世界のために、反ユダヤ主義、人種差別、外国人憎悪、極右がはびこる余地のない世界のために、ナチスのイデオロギーに対する闘いを続けていただきたい」と訴えた。

今やホロコースト生存者も高齢となり、年々その数が減ってきている。近い将来、生存者の生の声でホロコーストについて語られることがなくなり、まさに、ホロコーストは「記憶」の中だけに生きつづけることになる。しかし「記憶」は伝えていけば、そのつど新しい思いが加わって甦り、永遠に生きつづける。「最後の生き証人」たちは、このことを心から願っているのだ。そのためにも記憶をグローバル化し、人類全体で共有することが重要だ。第4章では、記憶と平和について、未来への課題として記憶の文化を大きく育くむ意義について考察する。

東欧諸国に刻まれた20世紀

東西陣営の対立と冷戦が終わり、ヨーロッパの統合とEUの拡大が進む現在、ヨーロッパの国と人は、政治、経済、文化、科学といったあらゆる分野で国の垣根を越え、いまだかつてなかった密度と規模で交流し、コミュニケーションをとり合っている。

これは、EUに多くの東欧諸国が加盟したことで可能となった。EUはそれまで西欧・北欧諸国を中心とした15加盟国から、2004年にエストニア、ラトヴィア、リトアニア、ポーランド、チェコ、スロヴァキア、ハンガリー、スロヴェニア、キプロス、マルタの10カ国が増えて25加盟国となり、2007年にはルーマニア、ブルガリアの2カ国が加わって27加盟国となった。この拡大EUの全域で、今まで政治的、経済的に諸国間の交流を妨げていた多くの障害が取り除かれたのだ。これによりEUの文化政策として諸国間の協力事業が数多く進められている。

今やヨーロッパ諸国は、交流や共同事業を進めるとともに、共通のアイデンティティを形成しようとし始めている。当然のこととして、この試みは生易しくはない。「ヨーロッパ」という共通の意識を成立させるには、過去ととりくみ、歴史を共通に思い起こし、共通の記憶を呼び起こすことができるのか、という問いにとりくまねばならないからだ。

この目的のため、ヨーロッパ各国が今までよりも広い視野に立ち、新たに自国の歴史と、同様にヨーロッパ全体の歴史にもとりくみ始めたのだ。各国は自らの伝統的な歴史像を検証し直し、自らの「記憶」と向き合うとともにヨーロッパ全体に共通する歴史の関連性を求め、共通の記憶の文化を生み出そうとしている。まさに今、「記憶」が熱いテーマとなっているのだ。

特に東欧諸国では、1990年に「1956年ハンガリー革命の歴史」に関する研究所がブダペストに設立されて以来、共産主義時代の過去とそれに対する抵抗について、ワルシャワ、ブラチスラヴァ、プラハ、ブカレストにも同様の研究所が開かれた。続いて2004年には「ワルシャワ蜂起博物館」が、2006年にはティフリスとキエフで「ソ連占領博物館」が開館し、2007年にはダンツィヒに設立予定の「第二次世界大戦博物館」計画が始まった。2008年にはプラハで「全体主義支配研究所」が創立され、２００９年にはブカレストで「ルーマニアのホロコースト」追悼記念碑が建ち、同年、世界中の「追放」に注目する「逃亡、追放、和解」財団が設立された。

東欧諸国は20世紀の過去ととりくむ中で、ナチスの戦争犯罪やホロコーストとならび、スターリンによるジェノサイド（集団殺戮）、ソ連に操られた東欧の占領統治とグーラク（強制収容所）などソ連によるテロ、戦後共産主義時代の過去にも、悲惨な記憶を読みとっているのである。

20世紀の過去の大惨事は、ヨーロッパ諸国民の記憶に、それぞれが被った運命にしたがってまったく違ったかたちで刻みつけられていった。ある国の国民がもつ記憶が、別の国の国民の記憶と対立、矛盾することさえあった。それが戦後40年にわたってヨーロッパを東西に分断し、自由な交流を閉ざし、それぞれの国民の思想形成にも大きな影響を及ぼしていったのだ。

今日ヨーロッパ各国が、それぞれ自国の「過去の克服」にとりくむようになり、ドイツの過去が相対化されるようになってきている。ヨーロッパの統合を念頭に、ドイツの過去をヨーロッパ全体の歴史の中に位置づけてとらえることも始まった。こうした新しい動きに対し、ドイツはドイツの過去の意味や過去に対する責任を矮小化することなく、未来に伝えていかなければならない。ヨーロッパ統合と記憶の問題については、さらに第4章で考察する。

3カ国の高校生がともに学ぶ『逃亡と追放』

今、東西ヨーロッパ諸国が自由に交流できるようになり、それぞれの国が自国の過去の歴史を真摯に見つめ、伝統的な記憶や歴史認識を見直すことが進められている。ところが、過去とのとりくみ方について、東西諸国間のみならず東欧諸国間でも相互に大きな認識の違いがあることがわかってきた。また、国によって「記憶」がさまざまに分かれ、重要な歴史的事件についての解釈が異なり、矛盾する歴史像がいくつも存在することが明らかとなった。

そこで、さまざまな記憶の問題を仲介し、ヨーロッパ諸国の相互理解を進める試みが必要となったのである。1997年に、ドイツとチェコの相互理解と協力を支援するために、ブリュッケ・モスト財団が設立された。ドイツ語で「ブリュッケ」、チェコ語で「モスト」は、ともに「橋」を意味する。ドイツとチェコだけでなく、広く東部中央ヨーロッパ諸国の間に交流の橋を架け、相互理解を進める各種プロジェクトを支援している。

例えば、ドイツ、ポーランド、チェコの3カ国の歴史研究者が共同研究し、ブリュッケ・モスト財団の支援を受けて、2009年に高校生の歴史副教材『逃亡と追放』を出版した。ナチ時代、ドイツはポーランドやチェコを侵略して多大な被害を与えた一方で、戦争末期から終戦直後にかけて、数百万人のドイツ系住民が帝国東部地域（現ポーランドおよびチェコ領）から追放され、迫害を受け、多くの人が殺された。三つの国は互いに加害者であり、被害者でもある。この難しいテーマを現在の3カ国の高校生に伝えるため、3カ国の共同作業がおこなわれ、この歴史副教材ができあがったのだ。

また、2005年には、ポーランド、ドイツ、ハンガリー、スロヴァキアの各国文部大臣が音頭をとって、ヨーロッパネットワーク『記憶と連帯』を設立すると共同発表した。このネットワークにより、できるだけ多くの国の交流を通じて、20世紀の歴史について共同で議論していくことを支援しようと言うのだ。さまざまな歴史の事実や異なる歴史像について国際的に議論する場を提供し、それによって、対話に基づく一つの「記憶の文化」をつくりあげ、冷戦中長きにわたって続いたヨーロッパ大陸分断の過去を克服することを願っているのである。2010年にはワルシャワに公式事務所が開設され、今後の活動が大いに期待されている。

ドイツは今、東欧諸国との交流や協力関係をますます強めている。ブリュッケ・モスト財団やヨーロッパネットワークの活動もその具体例だ。歴史教育の分野でも、東欧諸国との共同作業が進んでいる。これも、長年にわたるドイツの過去と記憶へのとりくみが、評価された結果だと言えるだろう。記憶を総合的に時代や社会を体現する文化の一つとして認識し、尊重する動きが、ドイツを中心に広がっているのである。

第3章　記憶と対話

Erinnerung und Dialog

第2章で述べたように、戦後ドイツは68年運動とブラントの新東方政策を契機に、「過去の克服」と真正面からとりくむようになった。その際、被害を与えた近隣諸国との「対話」が最も重視されたのである。なかでも、ゲオルク・エッカート国際教科書研究所が中心となって進めたポーランドとの教科書対話は特筆すべきだろう。かつての敵対者や長年の宿敵と記憶を共有するために、ひたすら忍耐をもって、一つ一つ自国の記憶と相手国の記憶を相互に擦り合わせていったのである。やがて忍耐の末に体験したもの、学んだものは何だったのか。感動に満ちたこの教科書対話は、国際対話をめざすすべての人に勇気と希望を与えてくれる。さらに、ドイツ統一後、国際情勢が大きく変わった昨今、教科書対話のめざすもの、共有すべき記憶も変わりつつある。いよいよ「記憶の文化」を念頭に置いた教科書対話が始まった。教科書対話は今後どこに向かおうとしているのだろうか。

1　ゲオルク・エッカート国際教科書研究所を訪ねて

世界最大の教科書図書館

北ドイツのブラウンシュヴァイク市は人口約25万、ニーダーザクセン州第2の都市である。中世にはハインリヒ獅子公がこの街を繁栄させ、今日も獅子を市の紋章とする。また、隣のヴォルフスブルク市にはドイツを代表する自動車メーカー、フォルクスワーゲンの本社があり、この地域一帯には自動車関連産業が多い。さらに、ブラウンシュヴァイクは〝ヨーロッパ有数の学究都市〟というもう一つの顔をもつ。2007年には、ドイツの「学究都市オブ・ザ・イヤー」にも選ばれた。落ち着いた雰囲気の街に、大学だけでなくさまざまな国際研究機関が集まっているのである。「ゲオルク・エッカート国際教科書研究所」もその一つだ。

この国際教科書研究所は、中世のたたずまいを残す旧市街に近く、幹線道路に沿ってひっそりと立っている。世界中の教科書を集めた図書館や、国際シンポジウムも開かれる大きな会議室が入った本館は、広々とした芝地の庭をもち、その周りにはポプラなど大きな木々が生い茂っている。

図書館では、ドイツ国内からだけでなく世界各国からやってきた研究者や学生が、世界中から集められた歴史、地理、公民の教科書やそれに関連する専門文献とともにとりくんでいる。教科書が約17万冊に関連文献が約7万冊、合計約24万冊の蔵書を誇る。日本の教科書も、戦前から今日のものまで揃えられている。まさに自他ともに認める世界最大の教科書図書館だ。

しかも登録手続きさえすれば、誰でも利用できる。ほとんどの図書が開架式でならべられ、必要な書籍を自由に手にとることもできるのだ。特に古い貴重な図書でなければ、館内でコピーをとることも可能だ。図書館員は親切で、どんな質問にも丁寧に対応してくれる。

「ちょっとすみません。あなたは日本人学校の先生だとお聞きしたのですが……」

私が図書館で第二次世界大戦終結直後のドイツの教科書をコピーしていると、若い女性の図書館員が話しかけてきた。彼女は大学生で、ここで研修をしていると言う。

「この日本の歴史教科書の発行年月日は、いつなんでしょうか?」

日本語がよくわからない彼女には、どの日付をデータベースに打ち込めばよいのか、不明だったのだ。こうやって、今も増えつづける世界中の教科書のデータ整理が、毎日おこなわれている。

この教科書研究所は、ただ自身の研究プロジェクトのためだけに、世界中の教科書を集めているわけではない。歴史・地理・公民教育の貴重な資料を、広く一般市民や世界中の研究者に開放している。そのことによって、グローバル化の進む国際社会において、より円滑な国際関係を築き、国際平和と国際協調に基づく教育研究の発展に貢献しようとしているのである。

学問の自由

誰にでも開かれた図書館と研究施設。真摯な態度で臨めば、誠意をもって応えてくれる。懐が深く、学問の自由を感じさせてくれる研究所に、思わず感謝の念がわいてくる。だが、これは特にゲオルク・エッカート国際教科書研究所に限ったことではない。私はこの20年、ドイツ各地のいくつもの研究所や図書館、古文書館を訪れたが、同じように感じたことが少なくなかったのである。

また難しい教科書対話に地道にとりくみ、それを成功させたのは、学問に真摯にとりくむ歴史研究者たちだった。彼らの信念には、学問の自由がある。自由は寛容を生み、異なる意見を聞く態度を生む。それが相互理解を生んで、平和な関係を築いていく。ドイツの学問研究の度量の大きさ、懐の深さ、そういったものも教科書対話を成功に導いた重要な背景だったに違いない。

今回、私は、この研究所に属するヨーロッパ研究部門の責任者ロバート・マイアーさんに、この教科書研究所が戦後一貫して続けてきた教科書対話、特にドイツとポーランドとの対話とその行く末について話を聞きにやって来た。マイアーさんは、東欧やソ連の歴史を専門分野とし、かつて大学でも教鞭をとったことのある歴史研究者である。

２００６年に、国際教科書研究所が国際歴史教育学会と共同で、「国際社会における歴史授業」をテーマにした論文集を出版したおり、編集責任者となったのがマイアーさんだった。この論文集で欧米を中心とした14カ国の歴史教育学者が自国の歴史授業の概要を紹介する中、私も日本の歴史授業について概説したのである。そのときマイアーさんから、「論文集の表紙に世界各国の授業風景の写真を載せます。ぜひ日本の写真も送ってください」と要望があり、私が提供した写真も載せてもらうことになった。彼とはそのとき以来、歴史教育研究について交流を続けている。

国際教科書研究所のヨーロッパ研究部門は、閑静な住宅街の一角にある「ヨーロッパ・シュールハウス（学び舎）」と呼ばれる別館に置かれている。ここでマイアーさんは、ヨーロッパの教科書問題に関するさまざまな研究プロジェクトを率いているのだ。

今では国際教科書対話の模範とみなされるようになったドイツ・ポーランド教科書対話。その中心的役割を果たしてきた「ドイツ・ポーランド共同教科書委員会」もマイアーさんの指揮のもと、このヨーロッパの学び舎に置かれている。同じく、ドイツとフランス、チェコ、イスラエルとの共同教科書委員会もここにある。また、教科書に描かれた「ヨーロッパ像」を研究するグループがあり、ヨーロッパ統合を意識して、ヨーロッパ全体をテーマとした研究も重要になってきている。

さらにヨーロッパの学び舎には、円卓会議室が置かれている。各国から集まった代表が、まさにここで教科書対話を進めるのだ。EUが拡大し、ヨーロッパが広がった今日、対象は西欧・東欧諸国だけではない。ヨーロッパ全体を念頭に、さらにバルカン地域、ロシアや旧ソ連邦の国々との共同研究事業も多く、自由で公正な立場から、さまざまなプロジェクトにとりくんでいる。これもポーランドとの対話に代表される、長年の教科書対話の成果と言えるだろう。

ゲオルク・エッカートと教科書対話

国際的な教科書問題へのとりくみは、すでに第一次世界大戦直後に始まっていた。ヨーロッパが史上初の世界戦争に至った背景には、各国の歴史教科書が相互に敵対イメージを生み出していたこともあげられる。これを反省した国際連盟は、国際的な教科書検討を各国に呼びかけたが、残念ながら十分な成果があがらないまま、ヨーロッパは再び世界戦争に突入してしまう。

第二次世界大戦後、国際連合の下部機関ユネスコがこの作業を引き継いだ。そのとき、西ドイツの歴史家であり歴史教育学者で、ユネスコの西ドイツ委員長を務めるゲオルク・エッカートが中心となって、国際的な教科書検討プロジェクトを再スタートさせたのである。

エッカートは大戦中、ドイツ国防軍の官僚だった。それを省みて戦後は切に平和を願い、平和を築くために、歴史の授業、教科書作成、歴史教育の研究によって、国際的な相互理解を進めることに尽力した。彼はブラウンシュヴァイク教育大学で教鞭をとる一方、ユネスコの西ドイツ委員長となり、大学内に国際教科書研究所を置いて、生涯ヨーロッパにおける教科書対話を続けた。先の大戦で敵対した隣国、フランスやポーランド、チェコスロヴァキアとの間で対話を進めたのである。戦後の東西冷戦下、共産圏の国々と対話がおこなわれたこと自体異例のことだった。

1974年、ドイツ・ポーランド教科書対話の真っ最中に、惜しくもエッカートは亡くなってしまう。ブラウンシュヴァイクのあるニーダーザクセン州は、エッカートの功績を称えて研究所に彼の名をつけ、独立した州立の国際教科書研究所とすることを決議した。こうして「ゲオルク・エッカート国際教科書研究所」が誕生したのである。

先に述べたように、ゲオルク・エッカート国際教科書研究所では、過去から現在に至るまで、世界各国で使われている地理、歴史、公民の教科書を集め、一般に公開している。世界のさまざまな教科書問題を研究し、その解決のために専門委員会をつくり、研究活動を支援してきた。ドイツと隣接各国およびイスラエルとの共同教科書委員会が置かれ、それぞれの教科書対話を主導してきたのである。さらにイスラエル・パレスティナ教科書プロジェクトの支援をはじめとし、世界諸地域で紛争や敵対を続ける国々の研究者に、対話の場を提供している。教科書問題を通して平和の実現、促進に貢献する活動を続けてきた研究所は、世界でもここだけだ。

2 ドイツ・ポーランド教科書対話をたどる

ゲオルク・エッカート国際教科書研究所は多くの教科書対話を手がけ、それぞれ大きな成果をあげてきた。なかでも、ポーランドとの対話が最も代表的だ。国際教科書対話のお手本として、研究所自らも誇りにしている成果である。マイアーさんも「ポーランドとの対話により、私たちは教科書対話のノウハウを学びました。ドイツ・ポーランド共同教科書委員会は、今までも、そしてこれからも、良い模範でありつづけるでしょう」と話す。

ドイツとポーランドの教科書対話は、私たちに国際対話の心得をいくつも教えてくれる。それは、この対話に携わった人たちが、多くの困難に立ち向かい、長年にわたる地道な努力を続ける中で一つ一つ手にしていったものだ。対話を通じて、対立する「記憶」を一歩一歩、歩み寄らせたのである。国を超えて人と人が対話し、絆を築いていくことで得た教訓は、時代や国、状況、テーマが違っても、広く国際対話に通用するものであろう。

対話の糸口になった「新東方政策」

戦後、まずドイツ（西ドイツ）とフランスとの教科書対話が先に始まったが、ドイツとポーランドとの対話は、前提となる両国関係が非常に複雑で、前者とは困難の次元が比べものにならないほど違っていた。

西ドイツとフランスは同じ西側陣営に属し、当時のコンラート・アデナウアー西独首相が大の親仏派であったことも影響して、教科書対話もいち早く1950年代に始まった。当初から和解と相互理解を進めようというムードがあったのだ。これに対し、西ドイツとポーランドの場合、両国関係を複雑、難解にしたのは東西陣営の対立だけではなかった。マイアーさんは当時を振り返る。

「ドイツとポーランドは何世紀にもわたって、侵攻した国と侵攻された国として、激しく敵対していました。特に第二次大戦では、ナチス・ドイツがポーランドに多大な被害を与えました。その一方で大戦末期にはドイツ系市民数百万人がドイツ東部地域から土地を追い払われ、ポーランドから迫害を受ける、いわゆる「追放」と呼ばれる事件があったのです。その地が戦後ポーランド領となり、ドイツはこの新たな国境線を簡単に認めることができませんでした。東西対立に加えてこの複雑な関係がしこりとなり、両者はなかなか対話を始めることができなかったのです。」

戦後すぐ、50年代にゲオルク・エッカートや同じく西ドイツの歴史教師エノ・マイアーらが、何とか対話にこぎつけようと努力を重ねるが、残念ながら実を結ばない。

ところが、大きな転機が訪れる。

1969年に、西ドイツで社会民主党（SPD）のヴィリー・ブラントが政権の座に就き、東側諸国との関係改善を強く推し進める新東方政策を始めた。それが事態を大きく変えたのである。

「政治の主導により、やっと教科書対話の糸口が見つかったのです。」

マイアーさんは、ブラントの新東方政策が突破口になったことを強調する。ブラントがポーランドを訪問し、ワルシャワ・ゲットー記念碑の前でひざまずく姿が世界に報道された。1971年、ブラントは東西の緊張緩和に貢献したことにより、ノーベル平和賞を受賞したのである。

この新東方政策に合わせ、1970年、西ドイツとポーランドのユネスコ委員会が教科書対話を始める約束をし、1972年、ついにドイツ・ポーランド共同教科書委員会が設立された。その後、西ドイツのブラウンシュヴァイクとポーランドのワルシャワで交互に会議を開き、双方の教科書記述の問題点について回を重ねて議論していった。こうして1976年に、26項目からなる『ドイツ連邦共和国とポーランド人民共和国の歴史と地理の教科書に対する勧告』が発表されたのである。

資本主義と社会主義の対立

1972年、ブラントの新東方政策をきっかけに、ようやくドイツとポーランドの教科書対話は始まったが、両国の共同教科書委員会には、最初から数々の困難が待ち構えていた。

マイアーさんの言葉を借りれば、「何もかもすべてが困難だった」と言う。まず、大前提として第二次大戦の過去により両国はひどく敵対し、常に罪と責任が問題となった。ブラントの新東方政策がきっかけになったとはいえ、両国は大きく異なる政治体制、経済システムのもとで対立していた。言うまでもなく、資本主義と社会主義の対立だ。

ポーランドは共産主義のもと、マルクス・レーニン主義に基づく唯物史観をとっていた。「階級闘争による歴史の発展」以外の歴史観を認めない。「このような者たちと対話して、いったい何が解決できるのか」、ドイツ側はそんな不安をもっていたのである。

また、当初教科書対話に参加した両国の歴史家たちは、大戦を直接体験した者ばかりだった。「ドイツからの参加者には、国防軍の兵士として戦場に出た者がいました。かたや、ポーランドからの参加者には、強制収容所に入っていた者もいました。こうした参加者個々人の戦争体験は感情的なしこりを生み、最初は、お互いに不信感や敵対者のイメージをぬぐいさることが、なかなか難しかったのです」とマイアーさんはしみじみと語る。

両国の歴史叙述の仕方、歴史の流れのとらえ方もまったく違っていた。後発国とはいえ、帝国主義を突っ走ってきたドイツに対し、周囲の列強に分割され、抑圧された時代が続いてきたポーランド。19世紀から20世紀にかけての歴史を、帝国発展の歴史ととらえるか、分割と抑圧の歴史ととらえるか。歴史叙述の仕方が違って当然だろう。

さらに、さまざまな実務的な問題が加わった。両国の共同教科書委員会メンバーは、ブラウンシュヴァイクとワルシャワ、体制の違う国を交互に行き来するわけだから、旅券や出入国の手続きが非常に煩雑だった。特に、西ドイツ側の代表だった西ベルリンの教授が往生した。東側の見解では、西ベルリンは連合国の統治下にあり西ドイツ国家には属しておらず、西ドイツ市民とは出入国の手続きが違うと言うのだ。

「今でこそ隣国ポーランドと言えますが、当時は西ドイツとポーランドの間に社会主義国の東ドイツがありました」とマイアーさんが言うように、体制の違いから東ドイツが、西ドイツとポーランドの往来を妨げる障害の一つにもなっていたのである。

障壁を乗り越える三つの条件

両国の歴史的背景や戦争の過去、対立する体制の違いから、精神面、実務面の障壁が対話の最初から立ちはだかっていた。ドイツ・ポーランド共同教科書委員会は、こうした困難な問題や障壁をどのようにして乗り越えていったのか。何が、障壁を克服するきっかけをつくったのか。マイアーさんは三つの条件をあげた。

まず、第一の条件として、ブラントの新東方政策をきっかけに、それまで閉ざされていた両国の扉が各方面から開き始める気運が起こっていたことがあげられる。これは時代の転換とも言うべき、教科書対話が進む大前提だった。

第二に、いよいよ教科書対話が始まるとなったときに、ドイツ側もポーランド側も、志のある多くの歴史家が自ら進んで名乗りをあげてくれたことが、困難な状況を乗り越える原動力となった。もちろん、そんな対話には参加したくないと言う歴史家も、両国にたくさんいた。しかし、十分な数の歴史家が、しかも大変権威のある重要な歴史研究者たちが、「これは私の使命だ」と言って、進んで教科書対話に参加したのである。

後になってポーランドのヴォジミエシュ・ボロジェイ教授も、「初期の教科書対話に参加した歴史家たちは、歴史家としての責任について自分自身の中に不安や葛藤をもっていたのです」と打ち明けている。

ドイツの歴史家は、「戦時中、自分たちもナチスのイデオロギーにそった歴史観に追従し、黙認してきたではないか。そのことによって、たびたび人を欺いてきたではないか。そんな自分が語る歴史が、真実だと言えるのだろうか」と葛藤していた。ポーランド側も同様だった。「マルクス・レーニン主義の歴史観を固持するあまり、リベラルな考えをもつ研究者をはじき出そうとやっきになり、体制に加担していたのではないか」と気づき、罪悪感を覚えていた。

こうした思いから、教科書対話を「自分の使命」と感じて参加してくれた歴史家が少なくなかったのだ。１９７０年代のドイツは、過去と向き合うことが訴えられた時代だった。心ある歴史家たちは時代の要請に応え、自らの「過去の克服」にとりくもうとしたのである。

志ある者が集まれば、おのずといろいろな問題の解決が見えてくる。

当初は年に2回ずつ教科書会議が開かれていたので、開催費など財政的問題も悩みの種だった。これに対し、ドイツ側が何とか足りない費用を工面し、時にはドイツ側代表は手弁当で参加した。他方、ポーランド側は旅券や出入国の手続きにおいて、当局に融通をきかせてくれるよう働きかけ、徐々に手続きがスムーズになっていった。

さらにポーランド側は、「教科書会議を進めるときの言語を、すべてドイツ語に統一しよう」と申し出た。彼らはみなドイツ史の専門家で、ドイツ語が堪能だった。他方ドイツ側にはロシア史やチェコ史、ドイツ現代史の専門家でポーランド語を話せない者が多くいた。そこでポーランドの歴史家たちが、ドイツ語による会議を自ら申し出たというわけだ。

そして第三に、当時の世論が、教科書対話を支援し後押ししたことが、力強い味方となった。マイアーさんは当時まきおこっていた新しい風について述べる。

「ちょうど68年運動の直後の時代で、過去の事実を直視し、過去の記憶ととりくむことが叫ばれた時代でした。若い世代が過去に対する責任を問題視し、大学だけでなくギムナジウムなど学校でも盛んに議論されました。そして、この若い世代は過去に対する責任から、東側諸国に歩み寄ることを自分の問題としてとらえていったのです。」

いかに世論の関心が高かったかは、１９７６年にドイツ・ポーランド教科書勧告が発表された際、その全文が数十万部も印刷されて世に出回ったことでよく示されている。教科書勧告が発表されると、歴史学や教育学の各種研究雑誌、学会誌、さらに教員や研究者が加入する組合の広報誌にもその全文が掲載された。多くの人が、「自分たちが世の中の風潮を変えなければならない。このまま永遠に東側諸国と敵対して生きることはできない」と感じていたのである。

ドイツ全州が勧告を受け入れる

ドイツ・ポーランド教科書対話は、両国の志ある歴史家たちが議論を繰り返し、地道な努力を重ねただけでなく、当時の社会、当時の世論が支えることで進められた。その結果、１９７６年に26項目からなる教科書勧告が発表されたが、それがドイツ全11州（西ベルリンを含む）に受け入れられるのには、それから約10年かかったと言う。勧告が受け入れられるまでに、どのような道のりがあったのだろうか。

ドイツは連邦制をとっており、特に文部行政は各州が自治権をもっている。つまり、教育や文化政策について、連邦政府が上から各州に命令を下すことはできない。ドイツ・ポーランド共同教科書委員会も、権力を行使する国家の裁定官庁ではない。専門家が集まった委員会にすぎず、それゆえ、委員会が出すのは「勧告」であり、「命令」ではない。出された勧告を受け入れるかどうかは、各州の判断に全面的に任されていた。その州の政治的傾向に左右されるところが、大きかったのである。

ハンブルクやヘッセンなど、ブラントが所属した社会民主党（SPD）勢力の強い州では、教科書勧告はすぐに、一言一句、完全に受け入れられていった。他方、キリスト教社会同盟（CSU）が支配するバイエルン州のように、保守勢力の強い州では、受け入れまでに時間が長くかかったのだ。ただ、同じ保守系の州であっても、反応はさまざまだった。勧告をおおむね受け入れ、いくつかの個別項目についてのみ議論を続けたところもある。

バイエルン州は大戦末期から終戦直後にかけて、非常に多くの「被追放民」を受け入れた。それゆえ、旧ドイツ帝国東部地域からの逃亡と追放に関し、ポーランド側の要求をのんだ項目を認めることができず、勧告をなかなか受け入れようとはしなかったのだ。

しかし、放っておいたのではない。バイエルン州でも、この問題を教育現場にいる教師の間にもちこみ、互いに議論させた。「それゆえ時間はかかりましたが、議論が浸透し、やがては受け入れる方向に動いていったのです」と、マイアーさんはバイエルン州においても教科書勧告が広く議論されたことを強調し、このことを評価している。

また、ニーダーザクセン州のように、勧告の内容を文字通り受け入れるわけではないが、その精神は受け入れていこうとする州もあった。このように州によって多少違いはあったが、この教科書勧告は広くドイツの社会で自由な議論を呼び起こした。マスコミも大きく取り上げ、多くの国民が教科書勧告とその議論に関心を示した。こうして教科書勧告はドイツの社会に深く浸透していったのである。

他方、政治的な計算により、ポーランド側から批判が出ることがあった。当時、ドイツとポーランドの間で初めて生徒の交換交流が計画された。お互いの国を訪問し合うのだ。東西冷戦のため、それまではまったく行き来がなかったので、ポーランドの子どもたちは大喜びした。ところが、ポーランド政府はこれに大きな不安を抱いたのだ。西側世界を見た生徒たちは、そのまま帰ってこないのではないか、ポーランドに帰ってきて反体制の風潮を育むのではないかと。そこでポーランド政府は、この計画をあからさまに拒否するのでなく、「ドイツには教科書勧告を認めない州があるから、まだこの交流は認められない」と言ったという。こうした見せかけの批判も、ドイツ側に勧告受け入れを促すことになった。

さて、この勧告受け入れに対し、ドイツの教科書会社の反応はどうだったのか。

1970年代当時、社会科教師は程度の差こそあれみな社民党の支持者で、左寄りの思想をもつ者が多かった。ドイツ中どこでも、教師は教科書に勧告が受け入れられているかどうか、敏感になっていたのだ。学校でどの教科書を採用するのかについては、その学校で教壇に立つ教師が決める。それゆえ、ある教科書に勧告を考慮しない、ポーランドに敵対心を表すような記述があれば、教師はそれを見つけ出して「この教科書は時代遅れだから採用はやめよう」となるし、ちゃんと勧告が考慮してあれば「これは新しい良い教科書だ」と判断した。保守的なバイエルン州であっても状況は同じだった。日本の場合、公立小学校・中学校などの義務教育の教科書は、一般に学校ではなく教育委員会が一括して決めている。歴史や公民などの教科書採用をめぐる問題が日本で大きくなるのは、ここに原因の一つがあるだろう。

ドイツの教科書会社は各州の文部行政に従った教科書をつくるわけだが、このドイツ・ポーランド教科書勧告については社会科教師の意向にそって敏感になり、いち早く対応していったと言えるだろう。ドイツでは教育の現場に立つ教員が教科書採用に当たって、その教科書の内容をチェックする機能をもっているのだ。教科書の発行に際し、もちろん当該官庁の認可は必要だが、日本でおこなわれているような教科書検定はない。

教科書勧告の受け入れに時間がかかったのは、ただ反対者が多かったということではない。広くドイツの市民社会に議論を呼び起こし、勧告の内容と意義、精神がドイツ社会に浸透していくために必要な時間だったと言えるだろう。

和解と歩み寄りのスパイラル

地道な努力と時間をかけて成果を出したドイツ・ポーランド教科書対話は、今では教科書対話の模範とみなされるようになった。それでは、このポーランドとの教科書対話を通じて、ドイツやゲオルク・エッカート国際教科書研究所は、何を学んだのか。

マイアーさんが最初に挙げるのは、「固定化された歴史の立場や歴史認識でも、それを変えることができる」ということだ。現に、克服できないと思われていた宿敵関係も、凝り固まった歴史像も、それを克服し、消し去ることができたのだ。それは「非常に感動的な出来事」だった。彼はこの感動的な現象を、「歩み寄りのスパイラル」あるいは「相互理解のスパイラル」という言葉で表そうとする。

「暴力のスパイラル」という表現がある。ささいない小競り合いも、やられたらやり返して応酬するうちに暴力がますますエスカレートし、とめどなく暴力が大きくなっていく現象だ。これとは正反対の流れの現象があり得ると言うのだ。もちろん、そう簡単に起こるわけではない。暴力の場合、放っておいても勝手にどんどんエスカレートしていく。しかし、和解と歩み寄りのスパイラル、相互理解のスパイラルは、ずっと複雑な動きで手間暇をかけねばならない。ドイツ・ポーランド教科書対話は、この相互理解のスパイラルに動きを与えることができたのだ。

これは対話に参加した両国の代表団にとって、「心地よい驚きだった」と言う。相手がこちらの教科書記述や言い分を批判してきても、それを不満や言いがかりとは受け取らず、自己を反省する材料ととらえ、相手がそう批判してくる気持ちをできるだけ理解しようとする。そういう境地に達したと言うのだ。

ただし、マイアーさんはそのための条件を指摘する。

「こうなるためには、一にも二にも忍耐が必要です。これも教科書対話で学んだ教訓です。とにかく相手を抑圧せず、過剰な要求をしません。忍耐をもって臨み、ほんの小さな一歩に満足しなければなりません。」

われわれが酸っぱいリンゴをかじろうではないか

この教科書対話で、「追放」について大論争が起こった。この事件をどう記述するかが問題になったとき、ポーランド側は「追放」という表記は絶対に使えないと断固拒否したのだ。しかし、ドイツ側にしてみれば、実際に追放された人々が当時1000万人もドイツに暮していた。もし「追放」と呼べないとしたら、実際に追放を体験した人々の歴史と矛盾してしまう。

お互いに折れることなく議論を重ねたが、いっこうに埒があかなかった。まったく解決の糸口が見つからなかったのだ。ところがある晩遅く、議論の末に疲れ果て、両者の代表者だけが残っていた。きっとウォッカでもひっかけていたのだろう。

突然、「何とかして合意点を見出そう」と妥協に向かって動き出したのだ。

結局、ドイツ側がポーランド側の言い分をのむかたちとなった。この事件では、ドイツ市民がいろいろなかたちで土地を追い払われ、土地を去ることになったのだが、事件を総称して「追放」と呼ぶことを断念したのだ。代わりに、個々の事例を指して「逃亡」、「強制移住」、「立ち退き」、「国外退去」などと記すことにした。こうした個々の表記はすべて正しく、事実を覆い隠すものではない。しかし、今までドイツ国民には当然の表記だった「追放」という言葉が使えなくなったのだ。

ポーランド側がこの解決策に満足したことは言うまでもない。逆にドイツ側にとっては、あまり喜ばしい結果ではなかった。しかし、ドイツ側はあえて「われわれが酸っぱいリンゴをかじろうではないか」と勇気ある決断をしたのだ。

やがて、ドイツではこの決定が保守派勢力から猛反発を受けることになる。だが、マイアーさんは、これは正しい選択だったと評価する。

「かたくなにならずに、教科書対話全体を前に進めるために、ドイツ側が折れたのです。全体を損なわないために、酸っぱいリンゴをかじる。これはとてもかしこい戦略でした。」

今となっては、ポーランド人自身がこだわりなく「追放」という言葉を使うようになった。

逆に、別の論争ではポーランド側が折れてくれた。長い歴史の中でドイツ領になったり、ポーランド領になったり、二転三転した土地があった。その土地をポーランド領と記そうとするポーランド側の意見を、結局、同国の賢者が抑え、ドイツ側の言い分が認められた。

国力の点から言えば、明らかにドイツが大国であり、ポーランドは小国だ。それゆえドイツ側の有利にばかり教科書対話が進まないよう、ポーランド側ががんばった面があったのだろう。

こうした地道な努力を続けることを通して、共同教科書委員会は「どのようにして教科書対話を進めるのか」、そのノウハウを学んだ。特に、体制の違う国との対話はその難しさも倍になる。イデオロギーの対立を乗り越えて、対話を築かねばならないのだから。

だが、東側ブロックの人間とじかに交流し、じかに対話することで、この人たちも自分自身の発想と自分自身の意見をもち、単なる政府のマリオネットではないということがわかった。西ドイツから見れば、東側の人間と言うと有無を言わせず、「共産主義、マルクス・レーニン主義の狂信者」というレッテルを貼ってきたが、実際はそうではなかったのだ。

マイアーさんは、「ゲオルク・エッカート国際教科書研究所が教科書対話のノウハウを学んだことは、とても大きな収穫でした」と感慨をこめて語る。

さらにドイツの市民社会は、ドイツ・ポーランド教科書対話と教科書勧告にかかわることで、また、その勧告についての議論を深め、勧告を受け入れることで、ドイツの国家権力を中心にした体制にそろそろ別れを告げ始めたと言う。教科書勧告の内容は必ずしも各州政府の見解に合うものではなかったのだが、世論が働きかけてそれを認めさせていったのだ。つまり、教科書対話とその議論を通じて、ドイツの市民社会が政治的に成長したのである。

その際、市民社会のいろいろな方面でポーランドとの交流が進んだことも、世論の力となった。スポーツや音楽、芸術を通した交流、生徒の交換交流など、さまざまなレヴェルの交流がきっかけとなり、そのことが相互作用して教科書対話にも影響したのである。

人と人とがじかに対話し、絆を一歩ずつ築き上げていく。そのことによって経験できる相互理解のスパイラル。そのためには、何よりも忍耐が必要なこと。国や体制が違っても、人類はみな同じ血が通い、心が通じ合う人間だという実感。こうしたことは、時代や国が変わっても、普遍的に通用する対話の本質だ。また、教科書対話を通じて市民社会全体が成長し、相手国との交流も発展する。それがまた教科書対話を進める。これも、どの国にも期待できる心強い展望だ。

ゲオルク・エッカート国際教科書研究所がドイツ・ポーランド教科書対話から学んだことは、教科書対話に限らず、異なる国が相互理解を深め、平和な関係を築くためにおこなうすべての対話に通ずることである。東アジアの隣国と対話を進める日本も、ここから学ぶべきことが多い。

対話の第一段階――敵対イメージをなくす

教科書対話は、教科書勧告を発表すればそれで終わるわけではない。勧告を出すこと自体、大変な努力と時間を要する。だが、勧告を世に出してようやく、教科書対話が社会を巻きこんだ活動を本格的に開始することになる。教科書対話は段階を経て進み、それぞれの段階に役割と目的があるのだ。それをドイツ・ポーランド教科書対話の進展にそって順に見ていこう。

まず、教科書対話の第一段階では、「長年敵対してきた両国が、お互い相手に対して抱いている敵対イメージをなくすこと」が、最大の目的となる。

そのために、ドイツ・ポーランド共同教科書委員会は両国教科書の記述について協議を繰り返し、まず教科書勧告を作成した。この教科書勧告が、両国の敵対像を取り除く決定的な役割を果たすことになる。マイアーさんは勧告の役割をこう述べる。

長年敵対してきた国同士は、歴史理解の相違から、当然対立感情が起こる。こうした状況を共同教科書委員会の活動で解決していくのだ。ドイツ・ポーランド共同教科書委員会は対立する歴史像について時間をかけて協議し、一つ一つ検討して勧告を出した。この教科書勧告は、批判の多い問題点について作成され、どこにネガティヴな像、敵対イメージがあるのか、その点について勧告がなされた。もちろん、これは大きな反発を招くが、広く社会に議論と関心を呼び起こす。

教科書勧告は、両国の敵対イメージについて、広く社会全体に問いかけを発することで各方面に議論を呼び起こし、国民全体の関心を集めた。社会全体で徹底した議論が繰り返され、国民が注目する。このことが、両国の敵対像を取り除くのに大きな効果を与えることになったのだ。そして議論の末、ついに勧告が受け入れられ、敵対感情が徐々に消えていったのである。ただし、これには長い時間が必要だ。

対話の第二段階――記述内容を充実させる

ドイツ・ポーランド共同教科書委員会は教科書勧告を世に出すことで、対立した見解のある歴史的事件の記述について、過度に誇張した表現や偽りの記述を明らかにし、広くドイツ社会に議論を呼び起こした。その結果、徐々に敵対イメージがなくなっていき、教科書も誤った記述をしなくなる。

しかし、両国の教科書がそれぞれ誤った記述をしなくなっても、ポーランドについて、あるいはドイツについて、それぞれ相手国の記述がとても少ない。マイアーさんは勧告受け入れ後の状況をこう話す。

「勧告が受け入れられて教科書が改善されたと言っても、その傾向が大きく変わるわけではありません。歴史全体の中でポーランドの占める割合はほんのわずかなのです。もはやポーランドについて誤った記述はしなくなりましたが、そもそも記述がとても少ない。それどころか、記述しなければ誤ることはないわけですから、ポーランドについての記述を減らした教科書もありました。そこで、共同教科書委員会は、もっと記述を増やすように繰り返し勧告を続けたのです。」

こうしたさらなる勧告の成果が、ようやく2000年を過ぎてから現れだした。冷戦が終わり、東西ヨーロッパ諸国の交流が一気に緊密化したことも影響しているのだろう。各教科書会社は、教科書にポーランド史について一つの章を設けて記述するようになったのだ。

例えば、18世紀後半の「ポーランド分割」について一章を割き、ロシアやプロイセン、オーストリア支配とポーランド分割について説明している。あるいは、20世紀後半ポーランドの自主管理労組「連帯」について、「連帯」がヨーロッパ全体に大きな影響を与えた事件として記述している。このように、ドイツの歴史教科書でその国の記述のために一章を設けるような例は多くない。ポーランドは言わば特別待遇だ。

教科書自体の記述を増やすだけではない。それとならんで、教師用手引書や補足追加教材、副教材の拡充が進められている。例えば、2001年にゲオルク・エッカート国際教科書研究所が『20世紀のドイツとポーランド――分析・資料・教授上のヒント』を編纂した。これはとても利用価値の高い手引書で、マイアーさんも編纂にかかわった自慢の一冊だ。第1部記述編と第2部資料編に分かれ、まず記述編で「世界戦争と国境」「住民問題」「外交関係」といった大きなテーマのもとに、「第二次世界大戦」「女性の権利と女性運動」「宿敵関係」「戦後ヨーロッパの分断」などの個別問題を解説し、授業を効果的におこなうためのヒントが示されている。そして記述編で具体的に指示された多くの図表や資料が、すべて第2部に収められている。

２００７年にはドイツ・ポーランド研究所編『ポーランド史とドイツ・ポーランド関係』が出版された。これはポーランドの全歴史を通して、ドイツがどうかかわってきたかを説明した副教材だ。さらに２００９年には、ドイツ、ポーランド、チェコ３隣国の歴史家が共同研究し、３カ国の高校生向けに『逃亡と追放』が出版された。３隣国に共通する歴史として、互いに加害と被害のつらい過去をもつテーマだ。第1部で事件の経過をたどり、第2部では戦後３カ国がこの事件をそれぞれどう記憶し、その記憶がどう変わってきたのか、「記憶の文化」の変遷についても解説している。

このように次々に副教材が拡充し、ドイツとポーランドの関係について歴史授業が充実してきた背景として、ドイツにはポーランド系移民が多く住んでおり、彼らに配慮する必要があるということも、大きく影響していると言う。

「ドイツ社会においてポーランド系住民は移民マイノリティーとして勢力を誇っています。学校のクラスにポーランド系の生徒が４～５人いるというのはよくあることです。特に、ここブラウンシュヴァイクには、ポーランド系住民のコロニーがあります。彼らはポーランドの歴史に強い関心をもっているので、教師はそれに対応しなければなりません。」とマイアーさんは説明する。事実、ドイツ社会においてポーランド系移民は、トルコ系についで2番目に大きな勢力だ。

昨今のドイツ社会は多くの移民によって支えられ、移民なしでは成り立たない。ところが、その移民をめぐる問題も多い。移民をどうドイツ社会に統合していくのか、これが現在ドイツにおいて最も重要な政治課題になっており、教科書もこの移民問題にかかわっている。つまり、多様な移民の背景をもつ子どもたちが、同じ教科書を使って学習することで、それぞれの移民の文化に配慮しつつ、ドイツに住む市民として、共通の記憶や歴史認識を身につけていくのである。

対話の第三段階——二国間共通教科書をつくる

ドイツ・ポーランド共同教科書委員会は、1976年に教科書勧告を出して教科書の問題ある記述を改善し、続いて、お互いの国についての記述量を増やして内容を充実させてきた。東西対立の時代が終わり、相互理解を深める時代になったのだ。その目的のために、さらに補助教材を拡充するなど、「隣国の歴史をどのように授業にもちこむか」の工夫を進める段階にまで到達した。

そして2008年、共同教科書委員会の指導のもと、両国の共同作業によって二国間の共通歴史教科書を作成するプロジェクトが始まった。現在、ドイツ・ポーランド共通歴史教科書の実現に向けて、プロジェクトが順調に進められている。

二国間共通歴史教科書としては、すでにドイツ・フランス教科書委員会が両国の高校生向けに共通教科書を作成し、出版している。２００６年にまず第３巻『歴史――１９４５年以後のヨーロッパと世界』が出版されると、ドイツ、フランス両国だけでなく、世界中で画期的な教科書として話題をふりまいた。日本でも大きな話題を呼び、東アジアの日中韓三国教科書対話との関連において、今でも引き合いに出されることが多い。

しかし、ゲオルク・エッカート国際教科書研究所のマイアーさんは、少し距離を置いた見方をしている。独仏共通教科書の出版は、２００３年の独仏友好条約（エリゼ条約）40周年記念式典で、独仏の高校生代表が共通教科書構想を発案したことが、きっかけとなった。だが、これは明らかに政治主導で進められたプロジェクトだった。独仏の友好をアピールするために、ドイツの首相とフランスの大統領が後ろ盾となった。マイアーさんは疑問点を述べる。

「私たちゲオルク・エッカート国際教科書研究所の委員会では、このドイツ・フランス共通歴史教科書をつくるべきかどうか聞かれたとき、歴史教育の観点からはむしろ懐疑的だったのです。特に教科書を作成する場合、どういった人たち、どんな教員や子どもたちが利用するのか、つまり利用者としてターゲットとなる人や集団を念頭に置く必要があります。ところが、共通教科書が想定する利用者は範囲が大きすぎ、統一がとれていないのです。」

ドイツは州ごとに特徴があり、州が教育行政の自治権をもつことから、州ごとに違った需要や要求をもっている。各州はできるだけ地元の歴史や歴史遺跡と関連づけて、歴史の授業をおこなうことを望んでいる。ところが、二国間共通教科書では、そうした個別のさまざまな要望から離れたところに、基準を設定しなければならないのだ。

教科書問題と言っても、二国間共通教科書の作成といった国を超えた大事業は、政治のイニシアチブがなければ始まらない。マイアーさんは現実を見据えて言う。

「そもそも、こうした二国間の共通教科書を出版するかどうかは、政治家が決定することなのです。実は、歴史家でも歴史教育者でもないのです。」

しかし共通教科書に政治家が求める理想と、実際の教育現場が歴史授業に求めるものには食い違いが出てきてしまう。二国共通の大きな歴史像に対し、地域に密着した地道な歴史像。このギャップをどう克服していくのか。それが今後の課題だ。

マイアーさんは、次のように総括する。

「現実の問題として押さえておかねばならないのは、二国間共通教科書にも問題点があるということです。もちろん政治的には良いシンボルです。魅惑的で素晴らしい構想でしょう。かつて激しく敵対していた二つの国、二つの民族の子どもたち、親や祖父母、曽祖父母の時代には戦争を繰り返していた二国の子どもたちが、今まで相手国の悪いところばかり学んでいたのをきっぱりと止め、今後は共通の同じ歴史像をつくりあげていく。これは非常に魅惑的な構想であり、私たちはこの理念、この理想をもちつづけていくべきです。ただ、これは目下のところ試行段階であり、私たちはこの試行を最後までやり遂げなければなりません。私たちゲオルク・エッカート国際教科書研究所の委員会では、「ドイツ・フランス」「ドイツ・ポーランド」の共通教科書の試みをおこなっています。この両プロジェクトを最後まで成し遂げ、そして評価、査定しなければなりません。この試行は良かったのか、問題があったのかを確かめなければならないのです。」

これは、理想と希望をもちながら厳しい現実に向かって地道な努力を長年続けてきたゲオルク・エッカート国際教科書研究所の決意表明だと言えるだろう。当然ながら、教科書を二国間の友好のシンボルとして出版するだけでは、はなはだ不十分だ。とかく共通教科書の素晴らしい理念や理想を称える声が大きくなりがちだが、国際教科書研究所は教科書の本来の目的、つまり学校教育現場で実際に使用してもらうことを忘れてはならないと忠告しているのだろう。

独仏間で始まった歴史共通教科書プロジェクト

ここで、独仏二国間共通歴史教科書について詳しく見ていく。まずは、どのようにして共通教科書ができたのか、プロジェクトの歴史を振り返る。

独仏両国政府は、2003年の独仏友好条約40周年記念をきっかけに、2004年両国共通歴史教科書をつくるプロジェクトを立ち上げた。ドイツ側はゲオルク・エッカート国際教科書研究所が、フランス側は歴史学および地理学教授連盟が協力し、両国の高校で使用する共通教科書作成にとりくんだのである。そして2006年、全3巻で完結するシリーズの一番新しい時代を扱う巻『歴史──1945年以後のヨーロッパと世界』が、両国で出版された。

この歴史教科書は、世界でもまだ類を見ない新しい構想をもった教科書だ。ドイツとフランスの教育カリキュラムに沿っているだけでなく、新しい構成で歴史を記述し、その解釈や資料の配置にも気を配り、さらに、それぞれ相手国の側から見た歴史も描くように努めているからだ。これも何十年にもおよぶ両国の協力関係、特に、教育分野における協力や、教科書対話を通じて相互に歴史を理解し合い、「記憶」を共有し合うことができて初めて可能となった大きな成果だ。

ここでは、両国において相互に交錯する歴史の事象や異なる記憶の文化のあり方、同じ事実を違った視点からとらえた歴史像を伝え、両国の歴史の共通点や相違点、その相互作用を分析し、加えて、同じヨーロッパ、同じ国際社会という土俵に立つ両国共通の一つの歴史を描こうとしている。さらに、いつの日かヨーロッパ歴史教科書がつくられることを夢見て、その礎石になることをめざしている。ヨーロッパの統合を念頭に、共同で過去にとりくみ、共同で過去の記憶にとりくみ、両国に共通する一つの記憶の文化をつくりあげることを目標にしているのだ。

この教科書は、5部構成をとっている。はじめの3部で1945年の第二次世界大戦の終結から今日までの歴史を、ヨーロッパ全体からの視点を中心にドイツとフランスの例を取り上げるかたちで記述し、第4部でさまざまな分野における戦後ヨーロッパの変化の歴史を伝えている。そして最後の第5部でドイツ人とフランス人にテーマを絞り、両国の歴史の共通点と相違点および各国に特有な歴史を記したうえで、両国のパートナーシップの歩みと今後の展望を述べている。

特に第1部では終戦直後の時代、1945年から49年までの時代を扱い、「記憶」という観点を重視しながら、第二次世界大戦が残した物心両面の鋭い爪痕とそれに対する戦後処理について記している。その第2章は、まさに「第二次世界大戦の記憶」と題し、第二世界大戦の惨事、とりわけ「ショア」とよばれるユダヤ人大虐殺（ホロコースト）についての記憶を中心に、その記憶が国ごとにどう違うのか、また、時代によって記憶がどう変わっていったのか、記憶をアピールするためにどんな記念施設がつくられたのかを伝えている。

例えば、第2章第4節では「1945年以降のドイツとその記憶の文化」をテーマに、戦後ドイツ人が先の大戦について何をどう記憶し、その記憶が時代とともにどう変わっていったのか、その記憶の変化を明らかにしている。

まず終戦直後から1950年代の終わりまで、ドイツ人は戦争の犠牲者という意識から抜け出せなかったこと。それが50年代の終わりからナチスの犯罪にとりくむようになり、60年代の運動やブラント首相の新東方政策によって大きな転機を迎え、過去と向き合うようになったこと。さらに『ホロコースト』のテレビ放映により、ホロコーストについて考えることが広まったこと。その一方で「歴史家論争」に見られるように、過去の責任を矮小化する動きや、過去はうんざりだといった主張も相変わらず存在することを伝えている。そして最後に、「逆風もあるけれど、ドイツ人には過去を記憶しようとする文化を求める気運が広がっている」とまとめている。

これに対し、第２章第２節では、フランスの第二次大戦に対する記憶の影の部分を紹介している。フランスに侵攻してきたナチス・ドイツと休戦協定を結んだヴィシー政権は、実はナチスがこの地でユダヤ人大虐殺をおこなうのに手を貸してきた。しかし、戦後のフランスでは、「ナチ占領下で続けられたレジスタンス運動の力が結集して戦後フランス国民を統一した」という建国神話を最前列に押し出して、ヴィシー政権の暗い過去を葬ってきたのである。その古傷を暴こうする試みもあったが、ドゴール大統領が握りつぶしてしまう。しかし、１９７０年代にはそのタブーを破り、フランスでも暗い過去を直視することが始まったのだ。そして、ようやく１９９０年代以降になって、フランス大統領が公式に大戦時代のフランスの暗い過去を認める発言をし、フランス国家の反ユダヤ主義的犯罪を記憶に焼きつけることが始まったのである。

同様に第２章第１節には、１９９５年に日本の村山富市首相（当時）が日本の戦争加害について初めて公式に謝罪したという記事が掲載されている。

全体として、この共通教科書はとてもよく考えてつくられており、中身の濃い充実した内容になっている。特に豊富な写真や図表、地図、資料を備えているうえ、教科書本体に収めきれない解説や資料を付属のＣＤ－ＲＯＭに収録して、さらに詳しく学習できるようにも配慮されている。

２００６年にこの独仏共通歴史教科書が出版されると、独仏友好のシンボルとして政治やマスコミの世界では大きな反響を呼んだ。しかし、実際の教育現場ではこの共通教科書はほとんど採用されていないのが現状だ。まだ詳しい統計がないが、この共通教科書を使用しているのは独仏バイリンガルコースをもつ高校（ギムナジウム上級学年）の一部に限られるようだ。それはドイツ全体から見ればほんのわずかな割合であり、フランス側でも同様の状況だ。

マイアーさんはいくつかの理由を推測している。ギムナジウム上級学年で学習する内容がアビトゥア（大学入学資格試験）で出題されるので、アビトゥア対策により適した教科書が好まれる。また、上級学年の歴史授業では、教科書だけでなく、教師が独自に準備した資料を使うことが多いので、そのことも影響しているのだろう。今後調査と査定を進めていかねばならない。

コンスタンツのフンボルト・ギムナジウムのリーデ先生も同様な話をしてくれた。

「この独仏共通教科書はとてもよくつくられており、いい教科書です。私も個人的に授業に役立てています。しかし、私の学校ではこれを正規教科書として採用していません。というのは、この共通教科書は、独仏の歴史や独仏関係に焦点を絞るあまり、州の教育カリキュラムに合わないところもあるからです。アビトゥアで出題される必須事項が欠けていたり、十分に取り扱われていなかったりします。私の知る限り、この教科書を採用している学校はありません。」

ドイツとフランスの間で始まった歴史共通教科書プロジェクトは世界中で話題をふりまき、日本でも２００８年に、独仏で刊行した巻の翻訳が出版された。しかし、マイアーさんが指摘するように、この教科書にも問題点がある。いくら政治的に素晴らしい構想であり、内容的にもしっかりした良い教科書であっても、教科書は実際に学校教育で使用されなければ本来の目的を達成できない。

ポーランドと見直す「被害と加害」

現在、ゲオルク・エッカート国際教科書研究所に置かれたドイツ・ポーランド共同教科書委員会が中心となって、両国の中学生向けの共通教科書を作成する準備を進めている。実は、これは独仏共通教科書を作成したときの反省に基づいているのだ。

先に見たように、独仏共通教科書は高校生（ギムナジウム上級学年）用につくられ、それがアビトゥアに合わないところがあるために、一般の高校では採用されていないのが現状だ。ドイツ・ポーランド共通教科書構想ではこのことを反省し、中学生向けの教科書をつくることにしたのである。中学生向けならばアビトゥアの影響を受けることがないし、中学では比較的、教科書にそって授業がおこなわれる。また、独仏教科書の場合のように「1945年以後」という最も新しい時代を扱う巻からでなく、古代から順に現代まで、時代にそって教科書を作成していくことになる。

目下、ドイツ・ポーランド共同教科書委員会は、これから作成する共通教科書の土台や枠組みを示すコンセプトをつくりあげた。ドイツ連邦全16州とポーランドの教育カリキュラムを点検し、それぞれの国や州にとって何が必要不可欠のテーマか、そして、両国に関連する歴史から出てくるテーマは何かを明らかにする。両国が直接かかわりながら、その立場の違いから、今まで歴史認識に大きなズレがあったテーマもある。さらに、新しい歴史教育のための教授法を取り入れて、ドイツとポーランドの特殊な共通教科書ではなく、正規の教科書として優れたものに仕上げていくことを検討する。こうして共通教科書作成上の必須事項を記したコンセプトが完成した。

これに基づき、2010年12月、ドイツ・ポーランド共通歴史教科書プロジェクトの詳細が「勧告」として告知された。教科書会社や執筆者が選ばれると、いよいよ教科書作成が具体的に始まる。この勧告が、教科書会社や執筆者にとって教科書作成上のガイドラインとなるのだ。

この共通教科書のコンセプトを示す勧告では、最初にドイツとポーランドの共通歴史教科書を作成するに至った歴史的経緯と作成に携わる教科書会社に対する注意事項が述べられ、続いて、この共通歴史教科書の目標が詳細に記されている。重要な目標をまとめてみよう。

まず、両国の生徒に、常に問題関心に従って歴史を考察していくことや、自己のアイデンティティを形成する際に、歴史が重要な役割を果たすことを理解させる。そのうえで、それぞれの国に固有の問題や両国の関係についての歴史も、広くヨーロッパ史の文脈で、さらにグローバルな視点でとらえることを促す。

特に、今までなかった視点でヨーロッパを見ることが肝心だ。つまり、現在まで西欧に集中して向けられてきた視点を打ち破り、ドイツの生徒の歴史を見る目や意識を東に向けて拡大する。そのことによって、新たにヨーロッパや世界の歴史を発見し、違った見方ができるようになる。ポーランドの生徒は、自国の歴史が西側の隣国の視点からどうとらえられてきたのかを学ぶ。

こうして、さまざまな時代、さまざまな視点のもとで何が「ヨーロッパ（的）」として理解されてきたかを敏感に感じとらせる。つまり、ヨーロッパ像が多面であり、ヨーロッパの記憶の文化が多様であることをはっきりと示し、歴史はどのように記述されるのか、歴史的な記憶はどのように形成されるのかを見る目を鋭くする。そのことで歴史がイデオロギーや政治に利用され得ることに敏感になり、批判的な考察に基づいて歴史をとらえ、現在に関連づけて考えるようにする。

総じて、ポーランドとドイツ両国民の歴史、両国の関係の歴史を、ヨーロッパ史や世界史の文脈の中でとらえ、過去を批判的に見る態度を養っていくのである。

それでは、具体的な教科書の内容について、この共通教科書コンセプト勧告にどんな指示がされているのか。

例えば、「第二次世界大戦時のポーランド」について、両国がまったく異なるとらえ方、異なる記憶をしてきたことを明らかにする。ポーランドにとって第二次大戦の歴史はヒトラーのナチス・ドイツとスターリンのソ連という二つの全体主義国家に占領、虐待され、多大な被害を受けた時代だ。当然「第二次大戦期のポーランド」は歴史授業の最重要テーマとなってきた。それに対し、ドイツの歴史授業にとってこのテーマは、多くの中のほんの一つにすぎなかった。

また、この大戦について両国の記憶も大きく異なっている。ポーランドが大戦について記憶していることは、ポーランドが常に犠牲者であった点だ。まずはドイツの政策の犠牲者として、後にソ連の政策の犠牲者としてとらえられている。さらに、これらの支配に対して自国民が抵抗したことに特別な意義を見出してきた。

他方、今日のドイツの大戦についての記憶は、ドイツの戦争責任とホロコーストが中心テーマとなる。ドイツはナチスの戦争犯罪やホロコーストに対し責任を負い、二度と繰り返さないと決意している。これは、過去を無視したり黙殺したり、自国の犠牲の面だけに関心を示した時期を乗り越えて、1970年代、80年代に議論を重ねてようやく獲得した「記憶の型」である。

さらに近年、こうした記憶の型に変化が起こり始めている。ポーランドは自国の歴史について見直しをはかり、隣国の被害の側面についても議論するようになってきた。大戦末期の「追放」というドイツ系住民の強制移住の問題について、ポーランドはドイツとの被害と加害の関係を見直し始めたのである。ドイツでも第二次世界大戦の位置づけ、その結果の位置づけが改めて議論されている。ナチスの戦争犯罪やホロコーストが、ドイツだけでなくヨーロッパ全体の問題として、とらえられ始めたということだ。

こうした両国の歴史理解や記憶の明らかな相違について、さらに従来通用してきた歴史理解や記憶の型に変化が出始めていることについて、共通教科書で説明するよう指示されている。

今や過去の出来事そのものだけではなく、その出来事についての記憶が歴史を成してきていることに着目させるのだ。そのことにより、さまざまな意見や考えがあることに理解を示すとともに、正しいと思われてきたことに対しても、批判精神をもって検証する態度を養うのである。

1972年にドイツ・ポーランド共同教科書委員会が設置されてから約40年がたち、今や、二国間の共通教科書作成プロジェクトが本格的に動き出した。この間、両国の歴史理解の違いから生まれた敵対イメージもなくなり、共通の歴史認識に基づいて教科書が作成されるようになった。続いて、ドイツとポーランドの子どもたちが相手国を深く理解するための副教材、補足教材も充実してきた。そして近い将来ドイツ・ポーランド共通教科書が出版される。これらすべてが、ドイツ・ポーランド共同教科書委員会が中心となって長年地道な努力を積み重ねてきた成果の表れだ。

しかし、これで終わったわけではない。マイアーさんが言うように、共通教科書という試行がどういう成果、どういう課題や問題をもたらすのか、それをきちんと見とどけて評価、査定し、将来のよりよい教育につなげていかねばならない。

3　移りゆく時代とともに

平和への貢献

ゲオルク・エッカート国際教科書研究所の生みの親、ゲオルク・エッカートが国際教科書対話に専心していた頃、研究所の活動目的は、まさに教科書対話により敵対してきた国と和解し、相互理解を深め、そして平和を推進することにあった。ドイツは当事国として、この研究所の活動によって、大戦中に侵攻した国、被害を与えた国との対話を続けてきたのである。

国際教科書研究所の長年にわたる地道な努力が実り、各国との教科書対話において大きな成果があがった。1985年には、この功績により、ゲオルク・エッカート国際教科書研究所はユネスコから平和教育賞を受けた。さらにこの経験を生かし、第三国同士の紛争にも和解と相互理解が進むよう、教科書問題を通じて働きかける活動を続けてきたのである。

その後、1990年のドイツ統一をきっかけに東西陣営の対立や冷戦が終結し、21世紀に入るとEUの拡大とヨーロッパ統合の動きが加速した。国際情勢が大きく変化する中、時代の流れに合わせてゲオルク・エッカート国際教科書研究所の活動も多様に変化しつつある。

ゲオルク・エッカートの時代、そして彼の始めた対話を直接引き継いだ東西対立の時代は、この国際教科書研究所の目的の中心は、和解を進め、平和を求めることにあった。だが、今ではもはやドイツと敵対する国はなくなった。代わってヨーロッパの統合が進む中、それに呼応した新たな課題が出てきた。国際教科書研究所は時代の移り変わりに応じ、活動範囲を広げて新たなテーマにとりくむことが必要となったのだ。その際、活動目的として戦争と対を成す「平和問題」に制約されてしまわないよう、現在では平和をことさら前面に押し出す主張はしなくなったと言う。

「もちろんゲオルク・エッカート国際教科書研究所には世界の紛争地域の教科書問題にとりくむ部署があります。敵対する当事国同士に対話の場を提供することも続けています。ただし、研究所は教科書問題を通じて平和の推進に貢献しようとするのです。あくまでも相談役として紛争当事国を見守る立場にあり、積極的に紛争に介入して調停するようなことはしていません。」

マイアーさんは、研究所全体としては戦争と対を成す平和問題から少し距離を置いていると、説明してくれた。いろいろな新たなテーマにとりくんでいる現在、ゲオルク・エッカート国際教科書研究所は、純粋な研究機関としての性格を強めている。自由な研究を進めるには、特定の価値観や主義主張に縛られすぎてはならないと言う。

こうしたゲオルク・エッカート国際教科書研究所の態度は、学問研究の自由と、いろいろな考えに耳を傾ける寛容さを保障するために、政治色やイデオロギー色の濃い平和運動とは一線を画しているということだ。しかし、これは平和から遠ざかることではない。学問の自由や、異なる意見に耳を傾ける寛容さは、まさに平和を実現するために必要な手段なのだ。国際教科書研究所は目下、時代の要請に合わせてさまざまなテーマを掲げている。しかし、個々の活動テーマの延長線に見据えているのは、やはり教科書や教科書問題の研究を通して平和な社会、平和で友好的な諸国の関係を築くことに貢献することだ。戦争と対になった狭義の平和に限らず、平和をより総合的な文化としてとらえているると言えるだろう。この意味において、ゲオルク・エッカートの遺志はしっかり引き継がれているのである。

インターネット時代の新たな挑戦

EUの拡大とヨーロッパの統合が進む現在、新たな時代に向けたヨーロッパの挑戦として、ゲオルク・エッカート国際教科書研究所も時代の要請に応じたプロジェクト、つまり、「ヨーロッパ」を意識したプロジェクトに相次いでとりくんでいる。

例えば、2009年から21世紀のインターネット時代にふさわしい、新たなヨーロッパ共通教科書の試みが始まった。「ユーロクリオ（ヨーロッパ歴史教育者協会）」が企画したヴァーチャル教科書構想『Historiana 過去への入り口』だ。これは、ヨーロッパの歴史に関する多様な教材が、インターネット上でマルチメディアを使って、いつでも利用できるようにするプロジェクトだ。

以前1990年代初めに、ヨーロッパ諸国が共通に使用する目的で『ヨーロッパの歴史』が作成され、各国の言語で出版された。だが、ヨーロッパを画一化しようとする構想に無理があり、実際には教科書にはならなかった。この反省をふまえて、新しい教科書構想ではヨーロッパを画一化、均質化するのではなく、逆に「多様性」をヨーロッパのトレードマークとすることがめざされている。歴史の中でヨーロッパ像がいかに多様で、移ろいやすいものであるかを明らかにし、さまざまな記憶の文化があることに気づいてもらうことを意図している。そのため、紙数の制限にとらわれずに、多くのいろいろな解釈や考え、資料を取り入れた豊富な内容にできるよう、インターネットを使ったヴァーチャルな手段の活用を試みているのだ。

21世紀のインターネット時代において、ネット上の検索媒体が急速に成長し、その利用者も日々膨大な数となっている。例えば「ウィキペディア（Wikipedia）」は今や世界中の人々が百科事典的に利用し、しかも毎日更新と成長を続けている。また、２０１１年には北アフリカや中東の諸国でインターネット通信を利用した民主革命が相次いで起こり、独裁政治体制を打倒している。最も民主革命が起こりにくいだろうと思われていた地域であっただけに、このネット革命「アラブの春」は世界をあっと言わせた。１９８９年のベルリンの壁崩壊に始まる東欧革命以来の世界史的大事件だ。インターネットというメディアの力は計り知れない。

新たな時代に向けたヨーロッパの挑戦として、こうした新たなメディアを使い、改めてヨーロッパを世界に発信するヴァーチャル教科書構想のプロジェクトが、ゲオルク・エッカート国際教科書研究所の支援のもとに始まったのである。世代を超えて記憶を伝え、記憶を共有するために、新たなメディアを活用し、記憶を世界に向けて発信する。

ゲオルク・エッカート国際教科書研究所は、対話を通じて共通の記憶を育み、記憶を共有する努力を続けてきた。そしてこれからも、未来に向けて記憶をめぐる新たな対話を続けていくのである。

第4章 記憶と未来

課題と挑戦

Erinnerung und Zukunft
Aufgaben und Herausforderungen

21世紀に入って世界やヨーロッパの政治情勢、経済情勢が刻々と変わり、ドイツの国も社会もさまざまな局面で転換していくべき岐路に立たされている。

なかでも戦後ドイツの平和の問題は、常に過去の戦争の記憶に結びつき、大戦の結果生じた東西対立に縛られてきた。だが、冷戦終結後、年々時代の生き証人が減少する一方で、平和の概念そのものが変わり始めている。記憶は、将来の平和にどう貢献していくのだろうか。

また、統一ドイツは今なお東西ドイツの統合問題を抱えながら、国内においては移民の統合、対外的にはヨーロッパの統合という、ドイツの将来を左右する課題にとりくんでいる。

これら過去から現在、そして未来へとつながる課題を、記憶はどう媒介し解決していくのだろうか。記憶は文化として過去、現在、未来の人や社会を、時を超え世代を超えて、どう結びつけていくのだろうか。

1　記憶と平和

『父と暮せば』朗読会

前口上「Diese zwei Atombomben wurden meiner Ansicht nach nicht nur auf die japanische Bevölkerung abgeworfen, sondern auf das Dasein der Menschheit an sich.（あの二個の原子爆弾は、日本人の上に落とされたばかりではなく、人間の存在全体に落とされたものだと考えるからである。）……」

（省　略）

竹造「Verstehst du nun? Du lebst um meinetwillen.（そいじゃけえ、おまいはわしによって生かされとる。）」

美津江「Um deinetwillen?（生かされとる?·）」

竹造「Ja, genau. Du lebst, damit der grausame Abschied von vielen zehntausend Menschen nicht in Vergessenheit gerät.（ほいじゃが。あよなむごい別れがまこと何万もあったちゅうことを覚えてもろうために生かされとるんじゃ。）……」

『ドイツ語対訳　父と暮せば』（こまつ座）より

2011年8月6日、広島に原爆が投下されてから66回目の追悼記念日に、南西ドイツの地方都市ビーベラッハで、井上ひさし原作『父と暮せば』ドイツ語版の朗読会が舞台形式で催された。市庁舎のロビーホールの階段をうまく舞台にアレンジし、地元のドイツ人華道家が「ヒロシマ追悼」からインスピレーションを得た創作生け花で、その「場」を飾った。さらに幕間にあたる部分で、客席の後ろからわびしげな琴の調べを流し、舞台と客席が一つになった空間を包みこんだ。

それほど大きな会場ではなかったが、この朗読会には主催者の期待をはるかに上回る大勢の市民がつめかけた。あらかじめ用意した客席に椅子を次々と追加してもまだ足りず、多くの立ち見客が出るありさまとなった。130名ほど集まっただろうか。地方の小都市で「ヒロシマ」にこれほど関心が高いとは、誰も予想していなかったことだろう。大人や熟年層が主だったが、若い世代の顔も見えた。

もちろん、2011年3月11日の東日本大震災による東京電力福島第一原子力発電所の事故とその放射能汚染が、ドイツ市民の「ヒロシマ」への関心を一段と高め、過去の記憶を目下の緊急課題に直接結びつけたことは言うまでもない。チェルノブイリ原発事故による放射能汚染を直接経験したドイツにとって、福島原発事故は他人ごとではない。ドイツは福島の惨状を見て、他国に先駆けていち早く「脱原発」を宣言した。今やドイツでは「ヒロシマ」と「フクシマ」は同等の意味をもつ。ドイツ市民は、「ヒロシマ」の記憶の線上に「フクシマ」の記憶をのせており、平和な未来のために「ヒロシマ」も「フクシマ」も二度と繰り返してはならないと感じている。

朗読会の開演に先立って挨拶したビーベラッハ市長は、まず、広島・長崎市長が世界中の都市の市長に核兵器廃絶に向けて連帯を呼びかけた「平和市長会議」に、ビーベラッハ市も加わっていることを述べた。海外の都市として、ドイツでは、イタリアの395都市に次いで世界で2番目に多い37

7都市が、この平和市長会議に加盟している（2011年8月1日現在）。このことからも、他国に比べてドイツの市民が広島・長崎の原爆や核兵器廃絶に関心が高いことがわかる。とは言っても、実際はどの市でも核兵器廃絶に向けて活発な活動をしているというわけではない。それに、朗読会の発起人の話によると、当初この『父と暮せば』の上演を引き受けてくれる劇場や団体がなかなか見つからず、苦労の末ようやくこのビーベラッハで協力者と支援者を見つけたそうだ。それだけに、市長は同市で『父と暮せば』が上演される意義を強調したのである。

「ヒロシマの記憶」を「人間全体の記憶」に

この朗読会の発起人は、『父と暮せば』を日本語の原作からドイツ語に翻訳したイゾルデ・浅井さんだ。浅井さんは現在ビーベラッハ近郊にある故郷の村で暮しているが、日本人と国際結婚し20年以上日本に住んだ経験がある。その頃から、日本文学や日本映画を数多く翻訳して、ドイツに紹介する仕事を続けてきた。平和を強く願い、かつて井上ひさしさんや加藤周一さんとともに、9条の会の活動にも参加した。「ヒロシマの記憶を人間全体の記憶として伝えていく」ことを自らの使命と感じた井上ひさしさんにいたく共感し、『父と暮せば』の翻訳を引き受けたのである。

過去の悲劇を忘れずに記憶し、二度と同じ悲劇を繰り返さない。それが、悲劇の犠牲者として亡くなった無数の人びとや、今もなお被害者として苦しむ多くの人びとの願い、希望であり、そして現在に生きる者に課せられた使命、未来への責任だ。この使命を自覚し、未来への責任をないがしろにしないために、人は記憶するのである。それゆえに、人は常に新たに記憶し直すのである。『父と暮せば』には、こうしたメッセージが込められているように思う。ドイツ連邦大統領（当時）ヴァイツゼッカーが終戦40周年の連邦議会でおこなった追悼演説において、「過去に目を閉ざす者は、現在にも盲目となる」と警告した言葉を思い出す。彼もこの演説の中で、「記憶する」ことを繰り返し訴えている。「記憶する」というドイツ語「erinnern」は、「心に刻む」という意味合いをもつのだ。

朗読では、父親の竹造役、娘の美津江役の読み手が、それぞれ被爆した父娘の気持ちを表現しようと熱演した（もちろん広島弁の風情は消え、ドイツ風の迫力あるものになってはいたが）。時にはユーモアで気持ちがほぐれながらも、聴衆は息をのみ、じっと耳をすませて聞いていた。浅井さんはドイツの市民にヒロシマの惨劇がいかにむごたらしく、いかに悲しいものであったか、多くの命を奪っただけでなく、生き残った者にもいかに恐ろしい影響を及ぼしたかを伝えたかった。そして、井上ひさしさんの「原子爆弾は、人間の存在全体に落とされたものだ」という主張をドイツの市民にアピールしたかったのである。

この点をはっきりと強調するため、ナレーター役の浅井さんは朗読の終わりに、原爆を投下した米軍爆撃機エノラ・ゲイの元機長ポール・ティベッツに対し戦後数十年経っておこなわれたインタヴューを紹介し、加害者側の言葉にも注意を促した。この元アメリカ兵は、原爆を投下したことに対し「一切後悔していない」と答えている。さらに、世界の多くの人が8月6日に広島の原爆犠牲者を追悼していることに対し、「心の痛みを微塵も感じない。過去にとらわれているひまはない」と明言したのである。ティベッツの言葉に会場は凍りついた。

朗読会に対する聴衆の反響は予想以上に大きく、みな「心が震えた」と激賞した。「原爆の恐ろしさが心に焼きつき、8月6日という日は、私にとって二度と忘れられない日となりました」と多くの人が語った。彼らの多くが、8月6日が（少なくとも8月が）ヒロシマの原爆記念日であることを以前から知っていた。「大切な日としてドイツでもよく知られています」という声も聞いた。

今回の朗読会に参加した人々は、この日についてさらに深く考え、ヒロシマの記憶を「日本人の問題」ととらえるのでなく、改めて「人間全体が記憶すべき問題」ととらえ直していた。人間全体の記憶であるからこそ、自分たち一人ひとりも主体的にかかわり、記憶していかねばならない。そう感じているのだろう。無意識のうちに、ヒロシマの悲劇にホロコーストの悲劇を重ね合わせて考えているのかもしれない。「人間として、二度と同じ悲劇を繰り返してはならない」のは、どちらも同じことだからである。記憶をそれに直接かかわった集団や社会の枠から解き放ち、人間全体の記憶へと高めていく。記憶を伝えるには、多くの人がその記憶を共有する文化を育て、さらに普遍性をもつ、より大きな記憶の文化に育て上げることが肝心だ。ドイツの市民は「ヒロシマの記憶」について、「ホロコーストの記憶」と同様にその記憶の文化を高め、人類が共有する普遍的な記憶とみなそうとしているのだろう。

他方、エノラ・ゲイの元機長の発言に対し、聴衆は憤りを感じていた。長年「過去の克服」に国民的課題としてとりくんできたドイツの市民にとって、加害責任や過去の記憶の問題は、簡単にすまされる問題ではない。もちろん、ドイツ人も戦後しばらくは戦争責任を一部のナチ指導者に押しつけ、「私たちはそのことについて何も知らなかった」とうそぶく時代もあった。それだけに、過去の克服が始まると、加害責任の問題に真剣にとりくんできたのである。当初のうそぶいていた時代にも、内面ではじくじたる思いや葛藤があったからこそ、転機が訪れると過去の克服に真摯に臨むことができたのではないだろうか。そうした歴史と記憶を大切にしてきたドイツの市民にとって、原爆を投下した本人が内省するのに十分な時を経た後も一切後悔せず、さらに犠牲者追悼にも微塵も関心を示さないなんてことは、信じがたい行為なのだ。自らも3年間戦争捕虜となった経験をもつ老婦人は、「いったいどうすればそんな言葉が出るのか」と怒りと呆れを露わにした。

このエノラ・ゲイの元機長のインタヴューは、ドイツでは広く知られていると言う。ヒロシマの原爆について、竹造・美津江父娘の被爆者側の言葉と元機長の加害者側の言葉を対比して、そのギャップがあまりに大きいことを明らかにし、そのことでこの悲劇の理不尽さを強く主張したのである。原作にはないこの演出も、ヒロシマの記憶を脳裏に焼きつけ、戦争に反対し、平和への願いをはっきりと言葉で主張するドイツ人らしい演出である。

「良心的兵役拒否」を選んだ若者たち

『父と暮せば』の朗読会が一つの例を表しているように、一般にドイツの市民は日本の市民同様、平和への関心、平和への願いが強い。それは、ドイツが第二次世界大戦で加害者として、そして被害者としても悲惨な経験をした記憶が、その理由の核となっていることは言うまでもない。さらに加えて、ドイツが戦後数十年にわたって東西に分断され、東西対立とその冷戦の最前線に置かれてきた時代の記憶も大きく影響している。まさに戦争と平和のはざまに置かれてきたのである。この戦後の緊張した特殊な状況の中で、ドイツは再軍備（１９５５年）、兵役の実施（１９５７年）、ベルリンの壁建設（１９６１年）をおこなってきた。東西冷戦の時代は、ある意味、ドイツの一般市民もまきこんで、戦争と平和について真剣に考えた時代だったと言えるかもしれない。

この時期、兵役の開始と同時に良心的理由により、兵役を拒否する者が相次いだのだ。ドイツ基本法（憲法）は１９４９年の制定時から、「基本権」として良心の自由、信教の自由に基づく「良心的兵役拒否」を認めていた。だが実際には、東西冷戦が激しくなる中で、兵役を拒否する者は怠け者・非国民扱いされ、兵役を拒否させないように追いつめる厳しい認定審査制度もあった。「突然敵機があなたの故郷の町の上空に現れ、町を爆撃する態勢に入った。偶然にもあなたのそばに発射準備された対空砲火器があり、町を救えるのはあなた一人だけだったとする。あなたはどうしますか？」といった口頭試問が実際なされたと言う。また良心的兵役拒否者は、兵役の代わりに医療や福祉、教育の分野で「社会奉仕役」に就く義務が課せられ、当初は安価な労働力として兵役期間よりも長い期間、搾取される時代が続いたのである。

それが1990年のドイツ統一とそれに続く東西冷戦の終結により、状況が大きく転換した。ドイツを舞台にした戦争の危険性がなくなって軍備削減が進む一方、福祉国家ドイツでは医療や福祉の分野で、社会奉仕役の若い労働力が貴重な存在となったのだ。良心的兵役拒否を選択する若者の割合も、年々増えていった。「兵役拒否のための良心的理由の書き方」といった虎の巻も、インターネットで出回るようになった。もはや良心的兵役拒否はきちんと申請さえすれば、ほぼ間違いなく認められるようになったし、社会奉仕役も「若い頃に公共のために奉仕活動することは貴重な人生経験だ」と、世の中の評価もすっかり好転したのである。

そうして、2011年6月末に国防改革によりついに兵役が廃止されると、同時に良心的兵役拒否の機会やそれに基づく社会奉仕役も廃止された。兵役を拒否して日本の長崎で社会奉仕役を体験したゲオルク・フライゼ君は、「良心的兵役拒否」を選んだ最後の世代の青年である。

長崎の平和資料館で「社会奉仕役」

「私は菜食主義者で、動物を殺すことや肉を食べることを拒否しています。それゆえ、人間や生き物を殺したり傷つけたりするおそれのある軍隊の活動に参加することはできません。」

こう理由を述べて、ゲオルク君は兵役を拒否した。彼は兵役に代わる社会奉仕役で日本におこなって働き、暮し、日本の歴史を学んでみたかったのである。

２００８年夏、ゲオルク君はギムナジウムを卒業するとすぐに日本に渡り、社会奉仕役として１年間、長崎市にある「岡まさはる記念長崎平和資料館」に勤務した。長崎には平和を願う資料館が二つあるが、その一つが有名な「長崎原爆資料館」、もう一つが「岡まさはる記念長崎平和資料館」である。前者が長崎市が立派な施設を整え、原爆の惨禍を二度と繰り返さないことを訴える一方、後者は牧師であり長崎市議も務めた平和活動家、岡正治さんの遺志を継ぎ、市民によってつくりあげられたものだ。日本の戦争の加害責任や補償問題に焦点を絞って展示している、国内では希少な平和資料館である。

ゲオルク君は「独日平和フォーラム」に紹介、斡旋してもらい、この平和資料館を社会奉仕役の勤務先に決めた。独日平和フォーラムとは、故小田実さんが１９８７年西ベルリン滞在中に、ドイツと日本の平和意識の近さに感銘を受けてベルリンで立ち上げた団体である。両国市民の交流を促進するほか、２００１年以降、ドイツから１００人を超す良心的兵役拒否者を日本に紹介してきた。この資料館へも、のべ５人を送り出している。

通常、社会奉仕役の受け入れ先は、老人ホームや障がい者施設、養護学校や幼稚園といった施設が多い。だがゲオルク君は歴史に強い関心があり、ギムナジウムでも集中授業などで戦争の時代を重点的に学習していたので、この平和資料館を選んだのだと言う。

平和資料館は２００３年５月にＮＰＯ法人となり、その運営は、主婦、教員、サラリーマン、学生、年金生活者といった一般市民からなる理事会が中心となり、多くのボランティアによって支えられている。ここでは日本軍の戦争犯罪、朝鮮人の強制労働や被爆問題を扱った展示が中心で、そうした展示の企画や展示物作成、資料館の来訪者や見学者の対応まで、すべて市民の手でおこなわれている。公的支援を受けていないので、運営を支える寄付金集めなど資金繰りも重要な仕事だ。

ゲオルク君はボランティアの人たちといっしょに、この平和資料館で何でもやった。清掃から始まり、展示物の準備、事務や掲示の手伝い、雨漏りの修理もした。日本の戦争責任をテーマにした博物館は日本には数少ないので、修学旅行生や各種平和団体のほか、韓国からのグループなど外国人見学者も多くやって来た。外国人見学者の対応は、彼の重要な仕事だった。もちろん日本人見学者やマスコミにも対応した。

こうした仕事を通して、ゲオルク君は中学生から年配者まで幅広い世代の日本人とかかわった。とりわけ、いっしょに活動した年配の人たちとの交わりが特に大きな刺激、収穫になったと言う。彼らの多くは年金生活者世代だが、なかには被爆者や満州で子ども時代を過ごした人、１９６０年代に学生運動を経験している人もいた。彼らが語る生の記憶を聞くことで、戦中、戦後、日本の激動の時代について、当時の日本社会について深く学んだのだ。特に、平和に対する彼らの熱い思いと真摯な態度に、心を打たれたと言う。ゲオルク君は原爆投下を記憶する街・長崎で、まさに時代の生き証人たちから、戦争と平和について多くの記憶を伝えてもらったのである。

「彼らの話を聞き、ともに働くことで、平和に対する思いがいっそう強くなりました。おかげで日本の文化に深くかかわり、ドイツの文化についても違った角度から見ることができるようになりました。」

また同時に、長崎市は世界に二つしかない原爆投下の街として、世界に向けて平和や核軍縮を呼びかけているが、それだけでは真の意味で世界の平和の象徴、本当の意味での「平和都市」にはなれないとも感じている。

「本当の平和都市になるためには、長崎市が自らの被害の側面だけでなく、加害の側面にも目を向けなければなりません。もっと戦争犯罪の過去に目を向けて、これを次世代の子どもたちに伝え、被害者に謝罪し、補償していくことが必要です。」

ゲオルク君がこう考える基盤には、ドイツで学んだ歴史教育がある。徹底的にナチスの戦争犯罪を検証し、「二度と同じ過ちを犯さないために過去を直視し、歴史を批判的に見ていく」ことを学んだ。彼はこのことを日本の歴史に置き換えて、長崎の平和資料館で実践しようとしたのだ。

長崎の街は広島同様、多くのことを記憶している。人間全体の存在を破滅に追いやる原爆の投下。日本人だけでなく、強制連行された中国人や朝鮮人、それに戦争捕虜も被爆した。被害ばかりでなく、加害にかかわる記憶も長崎にはある。ゲオルク君は特別な記憶をもつ長崎で、生きた平和教育と歴史教育を体験したと言えるだろう。帰国後、ゲオルク君はベルリンのフンボルト大学に進学し、中国や日本などアジアについての勉強を続けている。

兵役廃止がもたらす矛盾

良心的兵役拒否をしたドイツの若者がみな、ゲオルク君のように熱心に歴史や平和について考えてきたわけではない。それでも男子が満18歳になって兵役適性検査に合格すると、兵役に就くのか、それとも拒否するのかを自分で決めなければならなかった。兵役拒否を選べば、その良心的理由を考え、書面に記して申請し、さらに口頭試問も受けた。いやおうなしに、平和について考える貴重な機会となっていたのである。

兵役拒否を判断する際、多かれ少なかれ、学校での歴史教育が影響したことは間違いない。ドイツのギムナジウム上級生の歴史の授業では現代史を重点的に学び、特に20世紀前半の世界大戦の時代、ナチスの戦争犯罪について時間をかけて学習する。東西冷戦が終わって以降、ギムナジウム卒業生のほとんどが良心的兵役拒否をしたのも、授業で戦争の時代やその記憶についてしっかりと学習することで、戦争に反対する意識が強まったからだろう。

さらに兵役に代わる社会奉仕役では、福祉や医療、教育、自然保護など公共のために働く。ゲオルク君のように日本の平和資料館で働く例はそう多くはないが、これら公共の福祉のための仕事はすべて、平和で安全な市民生活を実現するために必要不可欠な職務だ。平和な市民社会の実現に貢献する職場での貴重な体験学習だったと言えるだろう。

2011年にドイツで兵役が廃止されたことは大いに歓迎される。東西冷戦をひきずる軍制度の一つが幕を閉じたのだ。だが矛盾して聞こえるが、兵役廃止によって、戦後のドイツの若者に、長年与えられてきた「良心的兵役拒否」という平和について考える機会がなくなり、社会奉仕役として公共の福祉に貢献する体験学習の機会がなくなったのも事実である。

この社会奉仕役がなくなったことで、少子高齢化の進むドイツでは、医療や福祉の現場でコストをかけない若手労働力が不足することが、大変心配されている。救急隊や障がい者養護施設、老人介護施設など、今後ますます若い力が必要な職場にとって深刻な問題だ。社会奉仕役の従事者が若い男性に限られていたのに対し、政府は女性や年配者も参加できる「連邦自由奉仕制度」をつくって労働力不足の穴埋めをしようと考えているが、そううまくもくろみ通りに必要数のボランティア労働力が確保できるのだろうか。はなはだ疑問が残るところであり、今後の動向を注視しなければならない。

他方、兵役廃止によりドイツ連邦軍は兵員を削減し、少数精鋭の部隊をつくろうとしている。ドイツは国際連合安全保障理事会常任理事国入りも念頭に、国際社会での地位を高めようと、世界各地の紛争地域に派兵してより活躍させようと考えているのだ。元来、ドイツ連邦軍は防衛軍として国外への派兵はなかった。それが１９９０年代以降、「集団安全保障」や「国際貢献」の名のもとに、その枠が取り払われていったのだ。ことに１９９９年、コソヴォ紛争においてＮＡＴＯ軍の空爆に参加する際に、当時のシュレーダー政権は「民族大虐殺、第二のアウシュヴィッツを防がねばならない」とホロコーストの記憶を参戦理由にもちだした。グローバル化した「人類全体の記憶」を政治に利用したのだ。

少数精鋭の部隊がより多く世界各地に派遣されるようになって、はたしてそれでドイツは平和が促進されると言えるのだろうか。アフガニスタン派兵ではすでに50名のドイツ連邦軍兵士が命を落とし、連邦軍の爆撃に多くの現地市民が巻きこまれた。平和に関心が高いドイツ市民には、連邦軍の国外派兵に反対する人も多い。だが東西対立がなくなった今、「国際貢献」という大義名分がドイツ市民の記憶にじわじわと焼きつけられ、連邦軍の国外派兵が普通のことになりつつある。

また、同じように集団安全保障や国際貢献に寄与するという名目で、ドイツは武器も多く輸出している。その額も、世界武器市場での占有率も年々増加し、アメリカ、ロシアに次ぐ世界第3位の武器輸出大国だ。皮肉な話だが、不況知らずに売り上げを伸ばすドイツの軍需産業メーカーが、地元の教育活動や文化活動を積極的に経済支援している。戦争の記憶を保持し、平和を願って記憶を未来に伝えていく追悼記念施設の維持なども、その支援を受けておこなわれているのである。

ドイツの抱える大きな矛盾である。

2　記憶と統合

異文化理解への期待

8月6日の『父と暮せば』朗読会の挨拶で、ビーベラッハ市長は重要な問題を提起した。「日本は1945年にヒロシマの原爆で、そして今年（2011年）はフクシマの原発事故で、二度も歴史に残る核の悲劇と放射能災害を経験し、記憶した。それにもかかわらず、日本では〝核の利用〟そのものに対する批判や反対の声がかつて上がってこなかったし、今もほとんど上がらない。それはなぜなのか。原作者はそんなことは意図していないだろうが、この『父と暮せば』の作品を通じて、ドイツ人には理解しがたい日本人の文化やメンタリティの理解に少しでも近づければと期待している」と言うのだ。

この市長の問いかけは、彼の個人的な疑問であるばかりでなく、広くドイツの世論が日本人に対して抱いている疑問だ。東日本大震災によるフクシマの原発事故を受けて、2011年6月、ドイツは他国に先駆けていち早く「脱原発」を宣言した。ところが当の被災国日本では、原発批判の声がなかなか大きくならなかった。ドイツ人は、震災直後の日本人の冷静沈着な態度と行動に称賛と敬意を表す一方、日本人の原発事故への対応や反応については驚きを隠せなかったのである。

続けて市長は、「異文化を理解し、異文化を受け入れるよう努力する。まさにこれは、今、われわれがドイツで直面している移民統合の課題です」と締めくくった。

ドイツ人にとって摩訶不思議な日本人のメンタリティを理解する試みはさておき、現在ドイツには多くの移民の背景をもつ人々が暮しており、もはや彼らの存在なくしてドイツの社会は成り立たなくなっている。どのようにすれば、移民をドイツ社会にうまく取りこみ馴染ませる、つまり、うまく統合させることができるのか。このことがドイツの直面する緊急課題、ドイツ社会の根幹にかかわる重大な課題となっているのである。それゆえ、移民の統合をテーマに各地でさまざまなとりくみ、異文化を理解しようとする催しがおこなわれている。

移民は、それぞれ個人の記憶、故国や民族の記憶、文化をしょってドイツにやって来る。彼らはそうした固有の記憶や文化を保持し、時にはドイツ社会の記憶や文化と対決させながら、ドイツで暮しているのだ。

レアールシューレの発表会『故郷』

２０１０年６月、南西ドイツ、バーデン・ヴュルテンベルク州の田舎町バート・ザウルガウのレアールシューレ10年Ｂ組の生徒が、卒業記念にクラス全員でとりくんだプロジェクト『故郷』の発表会をおこなった。この学校は町の学園地区にあり、私が当時勤めていた日本人学校のお隣さんだった。４月に卒業試験が終わると、10年Ｂ組の生徒（16歳）は全員、クラス担任のベアテ・リメレ先生とこの『故郷』プロジェクトにとりくんできた。生徒たちは自分自身の「故郷」について、それぞれの思いを詩やエッセーにまとめたのである。

リメレ先生は、学校ではドイツ語（国語）と音楽を教えている。「故郷」をテーマにした生徒の文章づくりを指導する傍ら、発表会で披露する『故郷』の歌を作曲し、クラスみんなで歌う合唱の指導もした。

こうして文集『故郷』の出版記念式典を兼ねたプロジェクトの発表会が、地元文化局の支援を受けて、私の学校の講堂で開かれたのである。州から借り受けた校舎は築130年の歴史をもつ赤レンガの風格のある建物で、州の文化財にも指定され、とりわけ、パイプオルガンも備えたバロック様式風の講堂は、市の文化行事やコンサートにもよく利用されていた。プロジェクト発表会では、『故郷』から選んだ詩の朗読や、対話形式のパフォーマンスがおこなわれた。少人数のコーラスや寸劇が間に入り、最後は全員の大合唱で盛り上がった。私も来賓として出席し、その場でいっしょに感動させてもらったのだ。

バート・ザウルガウのレアールシューレにも、多くの移民の背景をもつ生徒がいる。彼らにとって「故郷」に対する思いは複雑だ。まさに、それぞれ自分の記憶と直に結びついているからだ。10年B組の生徒は、「故郷とは何か」と自分自身に問いかけ、葛藤する気持ちを『故郷』の中で訴えたのである。

「毎年卒業試験が終わると、生徒は学校や授業のことなど上の空になってしまうのに、今年は『故郷』のプロジェクトにみな一生懸命とりくんでくれました。それだけ故郷に対して、一人ひとり思い入れがあるのでしょう」とリメレ先生は語った。

生徒の「故郷」への思いを込めた声を聞いてみよう。


ポーランドから来たジェシカは、2010年4月にポーランド要人96名を乗せた飛行機が墜落して全員死亡した事件を振り返り、『故郷』において、母国ポーランドとその悲しみをともにした。ロシアの地で起こった「カティンの森虐殺」70周年の追悼慰霊祭に向かう途中に起こった大惨事だった。「カティンの森虐殺」とは、大戦中、ソ連軍の捕虜となったポーランド人がカティンの森でソ連兵によって大量虐殺された事件である。

「確かに私はドイツで暮らしている。でも私の心はここにはない。私の故郷、それはポーランド」とジェシカはきっぱりと言う。


アンドレアスの母親は、ボスニアからやってきた。彼は小さい頃から繰り返しボスニアに出かけ、おばあちゃんの住む村で暮し、故郷として慣れ親しんでいる。彼は自問自答する。

「僕にとって、いったい故郷って何だ？　隣の席の奴は、僕に向かって「早くボスニアへ帰れ！」と言う。でも僕はドイツで生まれたんだ。」

アンドレアスはキリスト教徒だが、おばあちゃんはイスラーム教徒。異なる宗教がいっしょにあったってかまわないじゃないか。アンドレアスの心が揺れる。彼にとってドイツという「国家」は政治的な枠組みであって、故郷とは感じられない。故郷とは、もっと地方の慣れ親しんだ土地、オーバーシュヴァーベン地方であり、おばあちゃんの住むボスニアの村だ。

「僕にとって故郷って何だ？　何のためにあるんだ？　グローバル化社会からの避難場所？　オーバーシュヴァーベンもボスニアもどちらも僕の故郷さ。それでどこが悪い？」

アレクサンダーはロシアからやって来た。彼もまた、ドイツもロシアも両方とも自分の故郷だと感じている。

「僕の血管には両方の国を愛する気持ちが流れている。それが僕の文化であり、僕の人生であり、僕の故郷を表している。」

ところが、周りの社会には、そういうアレクサンダーや彼の生き方に不寛容な奴が多い。

「奴らの不寛容さは、奴ら自身の不安や恐れの裏返しだろう」と、アレクサンダーは言ってのける。

他方、ベンヤミンの両親は、1989年にベルリンの壁が崩壊したのち、旧東ドイツから西側にやって来た。

バート・ザウルガウで生まれ、この地を故郷だと思うベンヤミンは、母親に彼女の故郷についてたずねる。

「母さんはより良い将来のために、東の故郷を捨てた。でも母さんは、故郷に残した家族、故郷で過ごした子ども時代を、いつまでも忘れられないと言う。」

移民の背景をもつ生徒たちはみな、故郷に対して複雑な思いをもっている。それは、故郷の記憶が「自分は何者か」という、その人物のアイデンティティの問題にふれるからだ。異国の、生まれ故郷だけが自分の故郷だと言い切る者。生まれ故郷もドイツも、両方とも故郷だと言える者。わりきれない思いに悩む者。その思いはみなさまざまだ。だが、それぞれ思いは違っても、みんな自分の記憶を保ちながらドイツで懸命に生きる姿、ドイツ社会への統合にとりくんでいる姿を詩に表している。このことを広く伝えるのが『故郷』プロジェクトの目的であり、十分に成功している。ドイツ人も、移民の背景をもつ者も、一人ひとりの記憶を大切にし、それに共感しようと呼びかけるプロジェクトだった。

故郷の問題は、私の家族の問題でもある。私自身長年住んだドイツ社会に馴染んではいるし、これからも第二の故郷としてドイツに住みつづけるだろう。よその国からドイツに戻るとほっとする。それでも、母国ではなく異国に住んでいるという感情は抜けきらない。故郷に対する思いは、「自分は何者か」というアイデンティティが確立する思春期から青年期までの時代に暮し、馴染んだ土地や国の記憶が大きく影響するのだろうか。他方、ドイツで生まれ育った私の子どもたちは、日本国籍をもっていても、ドイツが自分の故郷だと言う。前任校の閉校に伴い、私が転職することになったとき、一家で日本に帰国する可能性も話し合った。その際、私たち親は日本に「帰る」と表現したのに対し、子どもたちは「帰る」のではなく「行く」ことになるんだと言い、特に思春期の娘は帰国に猛反対した。子どもたちがそう感じるのは当然だ。と頭ではわかっているが、ふと、ちょっぴりさびしい思いがよぎったのは私のエゴだろうか。同じ移民の家族でも世代が変われば、故郷への思いも記憶も変わってくるのである。

「私たちもドイツなのです」

ドイツで「移民の統合」が国を挙げて議論されるのは、移民問題が現在ドイツ社会が抱える貧困問題、教育問題、年金問題、外国人差別の問題など、他の重要課題と連動し、さらに少子高齢化が進むドイツ社会の将来にかかわってくるからだ。連邦統計局によると２０１０年のドイツの18歳未満人口は全人口（約８１７０万人）の16・５％に過ぎず、ヨーロッパ主要国の中で最低だ。しかも少子化の進行に歯止めがかからない。もはや、ドイツ社会は移民の背景をもつ人々なくして成立しない。どこかの国の話を聞いているようだが、移民の受け入れと統合は、まさにドイツが未来に生き残っていくために必要不可欠な課題であり、希望を込めた挑戦でもあるのだ。

ところが、移民には統合に懸命にとりくむ人が多い一方、統合に無関心でドイツ社会に馴染もうとせず、ドイツ国内にあって孤立した独自の社会をつくろうとする者たちも少なくない。彼らは、故国の文化や習慣を強固に守りつづけようとする。信仰上の理由もあるのだろうが、特にトルコ人に代表されるイスラーム系移民にその傾向が強い。例えばそうした移民が集中して住む地区では、学校の生徒の大半を移民生徒が占め、少数派のドイツ人生徒を圧迫する事態も起こっている。今日、テロを繰り返すイスラーム過激派への恐怖も加わって、ドイツの世論にイスラーム系移民に対する反感や偏見が広がっているのだ。ドイツ連邦銀行の理事も務めた人物が「イスラーム系移民がドイツの社会を悪くする」と差別的な不平の書を著し、それがベストセラーになった。移民には貧困層に属する者の割合が高く、実のところ移民の背景よりも貧困が悪影響を及ぼしていることがほとんどなのだが。

２０１０年10月３日、ドイツ統一20周年記念の式典でドイツ連邦大統領クリスティアン・ヴルフ氏は統一20周年を称えるとともに、移民への偏見が広がる世論に対してくぎを刺した。かつて東ドイツ国民が東西ドイツ統一を訴えたスローガン「私たちは一つの国民だ」を引き合いに出し、ドイツに住むすべての移民に向けて同じ言葉をもちいて歓迎したのだ。特にイスラーム系移民に配慮して「ユダヤ教もキリスト教も、そしてイスラーム教も等しくドイツの一部である」と主張した。さらに、移民の統合にとって次世代を担う子どもたちの教育が最も大切であることを示すため、さまざまな移民の背景をもちドイツで奨学金を得て暮している子どもたちが連名で大統領に送った手紙を紹介した。「私たちにとって重要なのは、どこからやって来たのかということではなく、これからどこへ向かって行くのかということです。私たちはともに歩んで行く道を見つけられると信じています。私たちもドイツなのです。ですから、ここで暮していきたいのです」。子どもたちは異なる文化的背景をもちながら、ドイツに住む市民として共通の記憶や歴史認識、価値観を育んでいく。そうやって未来に向かってともに歩んでいる。ヴルフ大統領はその未来に希望を託したのである。

だが、この大統領の演説は、直ちに保守派の政治家から猛烈な批判を受けることになった。「イスラーム教徒に迎合している」と。それだけドイツ社会のイスラーム系移民に対する反感や偏見は根深いし、移民の側も統合に逆らう問題を抱えているということだ。だからこそ、ヴルフ大統領は統一記念演説で、「移民とともにつくりあげる統一ドイツ」をことさら強調したのだ。

ドイツは「過去の克服」の過程で、徹底的に反ユダヤ主義思想を撲滅しようと尽力してきた。それだけに、反イスラームの思想が広がることにならないよう、歯止めをかけなければならない。異文化、異民族を排除するという意味では、反ユダヤも反イスラームも根は同じことだ。

1990年代から、ドイツでも「多文化主義」が盛んに謳われた。異なるさまざまな文化が互いに理解し合い、尊重し合い、共存していくという考えだ。「移民の統合」も、その基本理念においてはこの考えを共有する。しかし実際の政策となると、「多文化主義」と「移民の統合」は必ずしも同じではない。最近、アンゲラ・メルケル独連邦首相をはじめとして多くの政治家が、「多文化主義は失敗だった」と、この考えに否定的な発言をしている。それは、この考えが多民族分裂社会を導く恐れがあるからだ。ドイツはアメリカやカナダ、オーストラリアといった移民国家ではない。あくまでドイツの社会や文化が基本となり、そこに移民を受け入れ、統合させるというのが国の基本姿勢である。バート・ザウルガウのレアールシューレが『故郷』プロジェクトにとりくみ、移民生徒の思いや記憶をアピールしたのも、それぞれが自分の記憶を大切にしながら、ドイツに住む市民として共通の記憶や価値観を育もうと努力し、葛藤する姿をアピールするためだ。

日本にとっても移民問題は他人事ではない。昨今、少子高齢化の問題を乗り切るために、すでにアジア諸国を中心に各国から徐々に労働者を迎え始めている。今後少子化に大きな改善が見られないなら、ドイツ同様に、近い将来、さらに多くの移民や外国人労働者が来日することを期待する日が来るのではないか。ドイツのとりくみは大いに参考になることだろう。

おしよせる移民の波

一口に移民と言っても、その内容は複雑だ。さまざまな理由で他国からドイツに移住してきた外国人の移民1世に加え、その1世から生まれた2世3世もドイツに多く住んでいる。彼らにはすでにドイツ国籍を取得した者も多い。かつてドイツでは、外国籍をもつ両親の子どもはドイツ生まれでも、自動的に国籍を取得することはできなかった。それが、2000年に「国籍法」が新しくなり、それ以降にドイツで生まれた子どもには、条件を満たせばドイツ国籍が与えられるようになった（ただし、成人したときに一つの国籍を選ばなくてはならない）。そのほか、多くの元ドイツ系移民とその子孫が古き故国ドイツに逆移民として帰還してきている。また、近年、ドイツでは国際結婚も増えており、その子どもも多く生まれている。

ドイツ国籍の有無にかかわらず、こうした外国からの移住に関係をもつすべての人々をひっくるめて「移民の背景をもつ人々」と呼んでいるのだ。

移民はなぜドイツにやってくるのか。その背景も、時代の流れの中で、ドイツの政情や経済発展、国際情勢とともに変わっていった。すでに戦前、ドイツの工業発展に合わせて、多くのポーランド人がルール工業地帯にやって来ていた。戦後になると、さらに移民の大きな波が続いた。

１９５０年代半ばに当時の西ドイツで高度経済成長が始まると、不足する労働力を外国からの出稼ぎ労働者で補った。そのために１９５５年から１９７０年にかけて、西ドイツ政府はイタリアを皮切りにスペイン、ギリシア、トルコ、モロッコ、ポルトガル、チュニジア、ユーゴスラヴィアと誘致協定を結んで、どんどん若い労働者を呼び寄せたのだ。その中で最も多かったのが、トルコからの労働者だった。これが移民の最初の大きな波であり、ヨーロッパの南からやって来た。１９７３年に石油危機により景気が低迷すると労働移民の誘致は終わったが、ドイツにすでに住む労働移民が、母国から家族を呼び寄せ始めた。

１９９０年代には、次の移民の大波が、今度は東からやって来た。ベルリンの壁崩壊に始まる東欧革命とソ連の崩壊により東西対立がなくなると、旧ソ連や東欧諸国に住んでいた元ドイツ系移民の子孫とその家族が、一気に統一ドイツに流れこんだ。その数２００万人以上。これに加えてアジアやアフリカからも難民が入って来た。この頃、統一事業がドイツに高い失業率をはじめとする経済不安をもたらしており、それが移民の流入と重なって、ネオナチや極右主義者の活動を煽ることになった。その結果、ドイツ各地でネオナチによる外国人襲撃が相次いだのである。続いて１９９０年代後半には、旧ユーゴスラヴィアの民族紛争など戦争を逃れて亡命してくる人々が加わった。

そして21世紀に入るとEUの拡大が加速する。EU加盟国は、2004年が25カ国、2007年には27カ国まで増えた。現在、加盟国の人々は、EU域内を自由に移動、移住できるようになったのである。

ドイツ連邦統計局の2010年資料によると、ドイツ総人口8171・5万人のうち、移民の背景をもつ人口は1574・6万人(19・3%)、5人に1人が移民だということになる。その中で最も多いのがトルコ系住民248・5万人(15・8%)で、次にポーランド131・1万人(8・3%)、ロシア104・9万人(6・7%)、イタリア74・5万人(4・74%)、カザフスタン72・8万人(4・6%)、ルーマニア42・8万人(2・7%)、ギリシア37・5万人(2・4%)、クロアチア33・5万人(2・1%)、セルビア26万人(1・6%)、ウクライナ25・6万人(1・6%)……と続く。

移民は一人ひとり異なる固有の記憶と歴史を携えてドイツにやって来た。労働移民、難民、亡命者、ドイツ系移民の帰還者、国際結婚等々、移住してきた理由もきっかけもさまざまだ。喜びと希望に胸を膨らませてやって来た者もいれば、悲しみに打ちひしがれてやって来た者もいる。それぞれ今までの記憶を大切にしながら、あるいは、その記憶に縛られながら、ドイツでの暮しをはじめ、また新たな記憶と歴史を築いてきたのである。郷に入っては郷に従え、移民がドイツの社会に馴染み、統合していく過程は、ドイツ社会の基本的なルールを学び、ドイツ社会と共有する記憶を育んでいく過程だと言えるだろう。

今やドイツでは、移民の背景をもつ人口の中で、最も多いのがトルコ系住民。
イスラーム教寺院モスクやミナレットはドイツ各地の見慣れた風景になった。

するとドイツ社会と共有する記憶を新たに育む努力をしない者、それまでの自分の記憶、故郷の記憶や価値観に固執する者は、ドイツ社会に統合しないのだ。インターネットやテレビの衛星放送が発達した今日、ドイツにいながらにして、故国の情報を故国の言葉で故国にいるのと同じように受け取ることができるようになった。こうなるとますます、ドイツ社会との接点を望まなくなる者が出てくる。さらに移民には貧困層に属する者の割合が高い。日本でも指摘されているように、貧困層の家庭は教育環境も劣悪となる。このことが、ドイツ社会への統合に必要な言語や知識の習得をはじめとして、共通の価値観を身につけていくうえで、大きなハンディとなっているのだ。

ドイツは長い間、多くの移民の背景をもつ人口を抱えながら、「ドイツは移民受け入れ国ではない」と言い張ってきた。それが2005年、外国から優秀な専門労働力を誘致し、移民の統合を促進するために新しい「移住法」が施行され、移民受け入れ国であることを認めた。少子高齢化が進み、ドイツの未来は移民の受け入れと統合にかかっていると、改めて確認したのだ。それ以来、移民統合の促進を図る統合事業の試行錯誤が、各地で続けられている。はたしてドイツ社会は移民たちと価値観を共有し、記憶を共有していけるのか。一朝一夕に解決する課題ではない。

ダブルのアイデンティティ

バート・ザウルガウのレアールシューレ10年B組がとりくんだ『故郷』は、2010年にジグマリンゲン郡の文化局が主催した文化事業『移民と統合』プロジェクトの一つに選ばれた。発表会で文化局長のエドヴィン・エルンスト・ヴェーバーさんは、「今やドイツの地方の文化は、移民を中心とした外国系住民によって支えられ、いろいろなエッセンスが加わることで、さらに豊かな文化に育まれていきます」と述べ、移民の統合がドイツの将来にとって大きなチャンスであることを訴えた。

ジグマリンゲン郡の文化事業『移民と統合』では、２０１０年の1年を通してこのテーマのもとにさまざまなプロジェクトや催しをおこなった。郡内には出身地が１２３カ国におよぶ外国人とその家族が住んでいる。ヴェーバーさんによると、郡内人口の約25％はこうした移民の背景をもつ人々だと言う。

「ドイツではこの数字は珍しくありません。バーデン・ヴュルテンベルク州の州都シュトゥットガルトのような大都市にいたっては、人口の約40％が移民の背景をもっているのです。」

文化事業『移民と統合』では、こうした移民の背景をもつ人々が各地で文化交流祭を催し、お国自慢の歌や踊り、料理を披露したほか、バート・ザウルガウのレアールシューレのように、生徒たちが「移民と統合」にかかわるテーマで発表会や劇をおこなった。さらに、このテーマのもとに郡内各地で展示会や講演会が続いたのだ。

『故郷――記憶』と題した展示会では、郡内に住む移民の中から選ばれた人たちが、故郷の記憶や想い出として大切にもっている品物を展示し、さらに、各々がドイツに移住してきた自分の記憶と歴史を語った。ナチスがポーランドに侵攻したことで強制労働者として連行されて来た人、ポーランドやチェコ、かつてのユーゴスラヴィア、さらに東ドイツなど故郷を追われてドイツに移住した人、南欧諸国から労働移民としてドイツにやって来た人、同じく労働移民としてやってきたトルコ人、東欧革命の後にドイツ系移民の子孫としてドイツに移住してきた人、アジアやアフリカから避難民としてドイツに亡命してきた人など、さまざまな移住の記憶が語られた。それぞれの記憶がまさに時代を象徴し、記録して保存すべき唯一無二の歴史を表している。

また、トルコ系移民の家庭に生まれてドイツ国籍をとった女性社会学者の講演会が開かれた。彼女は西洋文化のもとでイスラームの伝統慣習に縛られながら育った自らの体験をふまえて、イスラームの伝統慣習を批判する本を著した。ヴェーバーさんによると、この講演会の計画段階から、トルコ人団体が講演をやめるよう強く非難してきたが、繰り返し説得をして開催にこぎつけたと言う。講演会は満席となった。講演後の討論の場では、ギムナジウムに通うトルコ人女子生徒が「私は自分の中に「将来のドイツ」を見ています。私はアビトゥアをとったら、伝統的なトルコ（イスラーム）の慣習にしたがって結婚させられるようなことは許しません。もちろん大学に進みます！」と主張した。移民の2世、3世といった若い世代には、移民1世とは違った価値観、故国の記憶に縛られないドイツの社会と共有する記憶と価値観を育む者が出てきているのである。

トルコ系移民2世のオーカン君（ギムナジウム11年生）は、ドイツに生まれてドイツ国籍をもっている。彼は「僕が、僕の民族的なアイデンティティをドイツかトルコのどちらか一方に決めるよう、まわりの社会が望んでいるような気がします。でも、僕はドイツ・トルコ人であって、「ダブル（二重）のアイデンティティ」をもっていると感じています。家では両親とトルコ語で話し、トルコ料理を食べますが、外ではドイツ人の若者と何ら変わりはありません」と話してくれた。

もちろんオーカン君のように移民の2世、3世がみんな「ダブルのアイデンティティ」を育み、それをうまく使いこなせるわけではない。どちらか一方に偏ったり、あるいは、民族（故国）の価値観や習慣とドイツ社会の価値観との板挟みになって苦しむ者も少なくない。

ただ「ダブルのアイデンティティ」、これが移民統合の重要な鍵になることは確かだろう。ダブルのアイデンティティをもつ移民によって、ドイツ社会が二分裂するのでなく、ドイツの文化が二重に豊かになるのである。ドイツ社会が移民とともにつくりあげ、移民とともに在るということが自明の理となったドイツ文化、そのことでさらに豊かになるドイツ文化、ヴェーバーさんもそうしたドイツ文化の姿を願い、アピールしているのだ。移民の記憶も取りこみ、共有する幅広い記憶の文化をつくりあげる。移民もそうした社会と記憶を共有していく。どの国、どの民族、どの時代の文化も、異分子が入りこまないと進化や発展はない。多少の驚きと葛藤があっても乗り越えねばならない。

移民の統合にはいろいろな局面があり、簡単に成功しているとか失敗だとか、決めつけるわけにはいかない。孤立したトルコ人社会が各地に多くあることは事実だし、そのトルコ人社会が抱える青少年問題や教育の問題、貧困問題などがよく話題になる。だがその一方で、トルコの労働移民が初めてドイツの地を踏んでから2011年で50周年を迎え、この間に懸命にドイツ社会への統合やドイツ人との交流に尽力し、成果をあげてきたトルコ移民の例も少なくない。スポーツをはじめ、すでにドイツの各界でトルコ系市民が活躍していることも事実だ。

バーデン・ヴュルテンベルク州では、２０１１年5月に緑の党の代表を首相にした新政府が発足し、そのもとで新しく「移民統合省」が生まれた。その大臣に抜擢されたのは、トルコ生まれ、西ベルリン育ちのビルカイ・エネイという女性だ。彼女のようにドイツ国籍をもつトルコ系市民が政治の舞台で活躍し、移民統合にかかわることも始まっている。新大臣はより実践的な政策をめざして従来の多文化主義を批判し、ドイツ人に対して移民にもっと寛容になるよう求める一方、移民にはもっと積極的に統合にとりくまねばならないと主張する。

移民の統合を進めることは、将来の安定したドイツ社会にとって必要不可欠な条件だ。ドイツ人にとっても移民にとっても、ドイツに住む市民すべてにとって、これは未来への課題であると同時に、もはや未来への責任とも言えるだろう。移民統合をテーマにした講演会で「自分の中に将来のドイツを見ています」と言ったトルコ人女子学生の言葉。それはまさに未来の記憶を先取りした言葉だ。ドイツ社会においてドイツ人と移民が共有する記憶を育むには、双方が心を開いて歩み寄り、双方がともに生きる努力をすることが必要なのだ。

「ヨーロッパ」とわが街の歴史

移民の統合がドイツ社会の未来にとって緊急課題となっているのとならんで、対外的にはＥＵの拡大によるヨーロッパの統合が、ドイツにとって最も重要な課題となっている。東西対立が終わったことでヨーロッパの国と人は政治、経済、文化、学問などあらゆる分野で、いまだかつてなかった規模と密度の交流をおこなうようになったのである。さらに、ヨーロッパ諸国は交流や共同事業を進める一方で、共通のアイデンティティを形成しようとし始めている。

「ヨーロッパ」という共通の意識を成立させるには、ヨーロッパのそれぞれの国が過去の記憶と歴史にとりくみ、ヨーロッパに共通の記憶を呼び起こすことができるのか、という問いにとりくまねばならない。今までドイツにだけ過去の責任を押しつけていた国も、新たに自らの過去に目を向け始めたのだ。さらに各国は今までより広い視野に立ち、改めて自国の記憶と歴史にとりくむと同時に、ヨーロッパ全体の記憶と歴史にもとりくみ始めている。

こうした動きの中で、ドイツの歴史教育も「ヨーロッパ」という共通の意識、共通のアイデンティティを育むことにとりかかった。例えば、バーデン・ヴュルテンベルク州では2004年度からの新しい教育カリキュラムでこの点が強調され、ギムナジウム10年生の歴史授業でまさに「ヨーロッパのアイデンティティを探求する」ことが目標となっている。ヨーロッパの多様性と同時に統一性を歴史の中に見出していくことがめざされているのだ。

ところが、実際の教育現場では「ヨーロッパ」というテーマを統一的に扱い、そこに共通の特徴を見出していくことに疑問の声が上がっている。自らギムナジウムの歴史教師でジグマリンゲン郡の歴史教師に授業指導をおこなっているマルクス・フィーデラーさんは次のように語った。

「ヨーロッパには多様な国や民族、多様な文化が混在しており、まさにそのことが特徴になっています。そこに統一性を見出すことは難しく、無理があります。」

ゲオルク・エッカート国際教科書研究所のマイヤーさんが「二国間の共通教科書構想は、歴史家や教育者ではなく、政治家主導で始まるのです」と話してくれたことが思い出される。ヨーロッパ共通のアイデンティティを見出す構想も、ヨーロッパの統合をめざす政治が主導しているのだろう。だが、昨今、ギリシアの財政破綻に始まり、EU各国の財政危機が露呈される中、EUの経済統合が破綻するのではないかと危惧する声も上がっている。その一方でトルコやその他諸国のEU加盟についても議論が続いている。まだまだEUは不安定な状態が続いているのだ。こうした政治や経済の動向が、今後の歴史教育にも影響するかもしれない。

ヨーロッパの統合を念頭に置いた歴史教育が教育カリキュラムで強調される一方、教育現場では、「生徒たちが住む地域の歴史に密着した授業が不足している」と指摘されている。地域の歴史は生徒に身近な問題関心を与えることができる。しかし地域の歴史に関連づけた授業をするためには、個々の教師が独自に研究し、資料を集め、教材を準備しなければならない。教育カリキュラムをこなすうえで、実際にそこまで時間と労力をかけて授業準備のできる教師はごく限られているのだ。

ジグマリンゲン郡文化局長のヴェーバーさんは、歴史研究者として郡の古文書や公文書を保管する文書館長も務め、地元の歴史教師が授業で地域の歴史にとりくむのに協力している。その経験から、「学校の歴史授業では、ナチス時代についてドイツ史全体の視点から学習し、地域の歴史から学ぶ姿勢に欠けているのが問題です。アウシュヴィッツでなくとも、当時どの町や村でも、ナチスによる暴力や殺害、迫害や強制連行は起こっていたのです」と話す。歴史を自分の問題としてとらえるには、家族の記憶や地域の歴史といった身近な歴史に、とりくむことが大切だ。そうすることで、生徒たちは過去の記憶や歴史に対する意識や考えを強くするのである。

ヴェーバーさんが地域の歴史にとりくむ教師や生徒の例を紹介してくれた。

ジグマリンゲン郡クラウヒェンヴィースの町には、かつて第三帝国時代に国家勤労奉仕隊の施設が置かれ、各地から集まった十代後半の若い少女たちが集団生活を経験していた。青少年をナチスの活動や思想に結びつけるための制度で、ナチスの独裁にドイツ国民すべてを取りこむ政策の一環だった。後にミュンヘン大学でナチスに抵抗する『白バラ』グループの活動に参加し処刑されたゾフィー・ショルも、何とこのクラウヒェンヴィースの施設に滞在したのである。ドイツでは、ゾフィー・ショルは『白バラ』のリーダーだった兄のハンス・ショルとともに戦争の記憶を未来に伝える人物としてアンネ・フランクよりも知名度が高い。このゾフィー・ショルがクラウヒェンヴィースに滞在したということで、街の記憶にちなんで、街の学校が『ゾフィー・ショル学校』と命名されることになったのだ。そこで、生徒たちは歴史の授業で、当時の様子を知る老婦人にインタヴューしたのである。すると興味深いことがわかった。彼女たちのほとんどが、「当時少女だった私たちにとって、国家勤労奉仕隊の施設での集団生活は、制約のある親許を離れ自由を感じ、とても楽しいものでした」と語ったのだ。これはナチスの政策に一般のドイツ国民が強制ではなく積極的に加わっていたことを示す一つの例だと言える。このことを生徒は独自の調査により学習し、とても大きな関心を示したと言う。

ヴェーバーさんは学校教育における地域の歴史の学習を呼びかけ、その支援をしている。地元の過去の記憶に関連づけた授業は、必ず生徒の興味をひく。だが、その準備の時間と労力が大変なために、実際にそうした授業をする教師はまだまだ少ない。身近な歴史を学習することで過去の問題を自分に引きつけて考え、過去の記憶や歴史に対する関心を深めることができるのだ。記憶を未来に伝えていこうという気持ちもわいてくる。ヨーロッパの統合が重要課題となった今日、ヨーロッパのアイデンティティに注目することが教育カリキュラムで求められる一方、実際の教育現場では、地に足の着いた地域の歴史学習、過去の記憶を身近に感じとることのできる歴史学習を望む声が上がっているのである。

三つの統合への課題

ヨーロッパの統合とならんで、統一ドイツは旧東ドイツの統合をめぐる問題も抱えつづけている。第1章、第2章で見てきたように、ドイツ分断の時代の記憶をもつ旧西側市民と旧東側市民は、いまだに相互に偏見や違和感をもちつづけている。統一後に生まれた若い世代にはそうした偏見が見られなくなってきたが、統一ドイツのあらゆる基準が旧西ドイツの基準に統一される一方で、東ドイツの記憶や歴史がないがしろにされてきたのだ。西ドイツが東ドイツを吸収して統一ドイツとなり、東ドイツは消滅した。もはや旧西側市民は東ドイツの記憶に関心がなかったし、旧東側市民も故国東ドイツの記憶を語りたがらなかったからだ。

東西対立とドイツ分断のシンボルであったベルリンの壁が１９８９年に崩壊したことをきっかけに、１９９０年にドイツ統一が成し遂げられた。それゆえベルリンの壁は、ドイツの分断と統一を最もよく記憶する。このベルリンの壁が２０１１年8月13日に建設から50年を迎え、ドイツ分断の記憶とベルリンの壁の記憶が今、改めて注目されている。分断の時代、多くの東ドイツ市民が西側に亡命するため、ベルリンの壁を東側から西側に越えようとした。運よく亡命に成功した人もいたが、壁を越えようとして東ドイツの国境警備隊に射殺された人、失敗して事故死した人など１３６名が命を落としたのだ。追悼記念式典では、「この悲劇をいつまでも記憶し、二度と同じ悲劇を繰り返さない」と誓われた。他方、東ドイツで壁の崩壊直前に生まれた最後の世代（第3世代）が、今、親の世代に「東ドイツで何をしてきたのか」と親たちの東ドイツ時代の記憶について問いかけを始めた。熱い運動にまではなっていないが、かつて西ドイツで「過去の克服」が始まったときに、68年世代が親の世代に戦争の過去と向き合うことを求めたのと似ている。今まで避けてきた東ドイツの記憶と向き合うことが、始まろうとしているのである。

移民の統合、ヨーロッパの統合、そしてドイツ統一をめぐる旧東ドイツの統合。統一ドイツは三つの統合をめぐって将来にかかわる重大な問題や課題を抱え、それぞれの場で記憶ととりくんでいる。それぞれの場の記憶は当然その内容も深さも、記憶を担う人びとも異なっているが、個々の記憶が集まって集団の記憶、社会の記憶として文化を形成している。あるいは、記憶は文化を形成するということを認識して、それぞれの課題の場で記憶ととりくんでいるのだ。記憶は喜びや悲しみとともに未来への希望や責任を個々の人の心に刻む。だが、記憶がもっと多くの人を動かし、世の中を動かすためには、その記憶を集団の記憶、社会の記憶、国民の記憶として大きな「記憶の文化」に育んでいかねばならない。文化となった記憶は、多くの人が共有してアピールすることで、さらに社会や国を動かす力を発揮するからだ。だからこそ、それぞれの場で記憶を育むことが大切なのである。

3　記憶を未来に伝える

「私たちと直接関係はありません！」

コンスタンツのフンボルト・ギムナジウムで歴史を教えるリーデ先生は、数年前から毎年11月9日の「帝国ポグロムの夜」記念日に、生徒を連れてコンスタンツにあるユダヤ人墓地の追悼記念碑を訪れることにしている。ある年の記念日のこと、リーデ先生一行はユダヤ人墓地の記念碑の前で一人のラビ（ユダヤ教聖職者）に出会った。このラビが非常に過激で、突然、生徒たちに向かって「君たち自身にも、君たちの祖父と同じように責任があることを二度と忘れるな！」と言い放った。するると、生徒たちがその言葉に激怒し、「過去に戦争犯罪の歴史があったことについて、私たちは心から残念に思っています。なぜそんなことが起こってしまったのか、私たちは知らなければならないと思っています。しかし、私たちは過去に起こった出来事と直接関係はありません！」ときっぱりと言い返したのである。

これは、ドイツの今日の若者たちが「ドイツの過去」についてどう考えているのかを示す一つのよいエピソードだ。

２０１０年11月4日付の週刊全国紙『ディー・ツァイト』が、若者たちの「ドイツの過去」についての意識調査を紹介する特集を組んだ。それによると、同紙のアンケート調査に答えたドイツ全国の若者（14～19歳）の69％がナチスの時代に非常に関心があり、80％が過去を記憶することに意義があると答えている。さらに、彼らの59％がドイツの戦争犯罪を恥ずかしいと感じていると言う。また、この調査結果においてドイツの西側と東側による違いはなかった。

さらにこの意識調査によると、若者たちはドイツの戦争犯罪を恥だと感じても、それを自分個人が負うべき罪や責任だとは考えていない。ナチスが再び世を支配することなどあり得ないと思っている。仮に自分の曾爺さんがナチスの犯罪者であっても、それを素直に事実として受け止めはするが、それによって自分自身が罪の意識にさいなまれることはない。彼らは戦争の時代を直接体験した世代から数えて第4世代として、心理的にはかなり離れた立場で「ドイツの過去」を受け止めていると、この調査は結論づけている。

こうした心理的な距離を置いているから、ナチスの戦争犯罪を記憶にとどめておかねばならないと感じながら、同時に、ドイツはもう普通の国だとみなすことができるのである。

フンボルト・ギムナジウムのリーデ先生自身、「戦争を体験した私の親の世代や、せいぜい私の世代は、過去の戦争犯罪を身近に考えることができました。しかし、今の若者にとっては、それは遠い昔に起こったまさに一つの歴史になったのです。彼らには直接の責任はありません」と話し、歴史教師として若者の考えを支持している。先生は授業を通し、「二度と過去の戦争犯罪を繰り返してはならない、二度と独裁者を生み出してはならない」ということを生徒に伝えるのが、自分の歴史教師としての役目だと考えている。逆に教師として最もよくないやり方は、生徒に倫理的な価値観を無理やり押しつけることだと言う。生徒はこうした押しつけを決して好まない。最近少なくなってはきたが、年配の教師の中には、とりわけ宗教の授業でそうした倫理観を押しつけようとする人がおり、そうすると生徒はうんざりしてしまうのだ。

今日のドイツの歴史教育では、ナチスの戦争犯罪やホロコーストについて学習するとき、悲惨な事実を包み隠さず明らかにし、それがなぜ、どのようにして起こったのかを理性的に学ぶ。もちろん、これが人類史上比類なき惨事であって二度と繰り返してはならないことは伝える。しかしそれを超えて、倫理的なこと、思想的なことに深入りすることはしない。特定の平和思想に結びつけることもしない。歴史の授業を歴史科学として事実を理性的に検証するのだ。一方的な思想を伝えることは、民主主義を脅かす危険にもつながる。かつてナチスが厳しく思想統制し、極端な国家主義や民族主義を強制したことに対する反省にたった姿勢だ。

フンボルト・ギムナジウムに通う11年生のエレーナさんは、歴史に関心が高く、集中コースの授業でナチ時代の記憶や出来事ついて詳しく学習することをとても評価している。正しい情報と知識を得ることで、善悪の判断をつけることができ、それによって過ちを繰り返さないようにできる、と考えているからだ。これは非常に重要な点だ。過去の出来事を正しく記憶し、正しく判断し、さらにその記憶を伝えていくには、まずその出来事について正しい情報、正しい知識を得ることが必要不可欠だ。ドイツのブーヘンヴァルト強制収容所跡追悼記念施設でも、「追悼には情報が必要だ！」という言葉を一つのスローガンにしている。

同時に彼女は、この「ドイツの歴史授業」に疑問をなげかける。ドイツの過去について、今まで授業ではドイツの加害の側面だけが強調され、連合軍によるドイツ諸都市への空爆など被害の側面はふれられてこなかった。「私は加害、被害両方の側面を見ることが大切だと思います。しかし、学校の授業では被害の側面はまったく扱われません」と、ドイツが加害責任に縛られて被害の事実をオープンに客観的に話すことができないと指摘する。同様に、ドイツ人でナチスに反旗を翻した人たち、有名無名、事の大小にかかわらず、第三帝国に抵抗した人たちの活動についても、授業ではあまり詳しく学習しない。彼女はかつての東ドイツのような英雄神話を望んでいるのではない。事実を客観的にいろいろな側面から知りたいと望んでいるのだ。

この加害者意識、被害者意識の問題は、ドイツ人とドイツの過去の記憶にとって、まだまだ複雑で微妙な感情を伴う問題だ。若者の間にドイツはもう普通の国だとみなす者、祖国としてドイツに誇りを感じる者が増えてきたとはいえ、全体から見ればそれは一つの傾向を表しているにすぎない。オープンな議論を望むエレーナさん自身、今もなお祖国としてのドイツに影を感じている。ドイツ人は暗い過去のために、フランス人のように手放しで祖国を誇ることができないと言うのだ。「祖国に関することでは、ドイツ人は誰にも何も誤解を受けないように、いつも用心して控えめに振る舞うのです」と話してくれた。程度の差こそあれ、彼女のように祖国としてのドイツに対してコンプレックスを感じる人が今もなお少なくない。コンプレックスがなくなるには、さらに世代交代が必要だろう。だがこうしたコンプレックスがあるからこそ、ドイツ人は過去の記憶を大切に扱い、記憶を育もうとするのかもしれない。

若者たちは、「過去」に対して直接責任はないと感じ、心理的な距離を保っている。しかし、彼らは過去に対して強い関心をもち、彼らなりの新たな責任を感じているのだ。つまり、過去をしっかりと記憶し、二度と同じ過ちを繰り返さない。そのために過去の出来事を知り、記憶を未来に伝えていくのが自分たちの責任だと感じている。この未来への責任を自覚し、ないがしろにしないために記憶するのである。

過去と心理的な距離があることは、必ずしも悪い方向にばかり作用するわけではない。確かに、事を軽く考え、自分に引きつけて考えることができない、それゆえに簡単に忘れてしまうのではないか、という心配もあるだろう。しかしその反面、感情的なしこりや固定観念、偏見にとらわれずに、過去の出来事を客観的に見ることができるという利点もある。これは大切なことだ。

週刊新聞『ディー・ツァイト』にあった、ドイツの西側と東側の若者が「ドイツの過去」に対する感じ方に違いがないという調査結果も、過去に対しどちらの側も同様に心理的な距離があるということを示している。どちらの側においても過去が相対化、客観化され、遠い昔に起こった一つの歴史としてとらえているのだ。これと同様に、戦後のドイツ分断の時代を体験してきた大人たちには、いまだに旧西側と旧東側に分かれて対立する心理的な葛藤があるが、ドイツ統一以後に生まれた若い世代には、そうした心理的抑圧がない。これも分断の時代が一つの歴史として、心理的な距離をもって受け止められている証拠だろう。

同じことが、移民の背景をもつ子どもたちについても言える。「ドイツの過去」は彼らに直接関係はない。心理的な隔たりも大きい。それでも過去の出来事に対し、ドイツ人も移民も、人間としてともに感ずることは同じだろう。このことからもドイツ人の生徒と同様に移民の背景をもつ生徒も、ドイツの過去の記憶や責任についてともに学び、共有する記憶を育んでいくこと、未来に向けて共有する歴史認識を形成していくことが十分可能なのだ。ドイツの歴史教育を受けた移民生徒の声からもそれがわかる。

トルコ移民の家庭に生まれたオーカン君（11年生）は、ドイツの過去について、二度と同じ惨禍を繰り返さないために当時のドイツで何が起こったのかを学ぶことは、若者にとって非常に重要だと考えている。その一方で、「このドイツの過去は直接自分には関係ないと思っています。しかし、それは僕がトルコ系市民であるからではなく、今のドイツの若者はみなそう感じているのです」と話してくれた。

同じくギムナジウムの生徒でギリシア系移民のヘレーナさん（12年生）は、「罪の念という点では、私はドイツの過去と関係ないと思っています。しかし、誰しもが過去の歴史にとりくみ、歴史から学ぶ義務を負っています」と語る。ベトナム系移民の家庭に生まれたコングさん（11年生）も、「ドイツの過去から学び、さらなる惨禍が起こることを防ぐ責任を感じています。私には、過去の問題を簡単にやり過ごすことはできません」と話す。

また、第1章で紹介したエルスターマンさんは、クラスの生徒がほとんどトルコ系移民という場で、ホロコースト生存者の物語『ゲルダの沈黙』の朗読会をおこなっている。移民の子どもたちもドイツ人の子どもたちと同じように、大いに感動し、共感してくれるのだと言う。

国や民族、世代に関係なく、ドイツの過去の悲劇は人間の心を揺さぶる。それゆえ人間として共有すべき記憶を育んでいくことができるのだ。大切なのは、子どもたちが「どこの国の出身か」とか「第何世代か」ということではなく、子どもたちに「どう記憶を伝え、どう育んでいくか」ということだ。記憶は未来への責任を自覚させてくれる。だから記憶を大切にし、記憶を育んでいく。みんなで記憶を伝えていけるように、記憶の輪を大きく広げ、大きな記憶の文化を育てていく。このことが人間として大切なんだ、と伝えることが肝心だ。

アウシュヴィッツとならんでヒロシマやナガサキ、フクシマの記憶についても、まったく同じことが言えるのだ。

戦後ドイツ民主主義の原点はアウシュヴィッツにあり

ドイツ人であれ、外国人であれ、第1世代の老人であれ、第4世代の若者であれ、過去の記憶や歴史について考え、共有する記憶を育む際に特に大切なのは、それぞれ個人がオープンに自分の意見を出し合い、自由に議論や討論することだ。また、そうしたオープンな議論、自由な討論ができる場と雰囲気をつくることが肝心だ。社会にはいろいろな考え、さまざまな意見がある。そのことを知り、そのことを受け入れ、そうした多様な意見や異なる考え、自分の考えに対立する考えにも耳を傾けることが重要だ。個人が自由に意見や考えを表現し、それが個人の権利、個人の考えとして尊重される。このことが、人権を「個人の権利」として最大限尊重するドイツの民主主義の基本である。

ドイツの「過去の克服」は、ナチスの戦争犯罪やホロコーストの責任を明確にして謝罪し、被害者に適正な補償をしただけではない。なぜ、ドイツでこんな人類史上比類なき悲劇と惨事が起こったのか。その原因を極端な国家主義と民族主義の思想に基づくナチスの独裁に求め、二度と同じ過ちを繰り返さないために、二度とこうしたナチスの思想と独裁を許さないと誓った。そのためには徹底した民主主義と、誤った思想や人物の出現を防ぐ批判精神を社会に根づかせることが必須であり、それがドイツに課せられた責任だと考えたのだ。「戦後ドイツ民主主義の原点はアウシュヴィッツにある」と言われるゆえんだ。

それゆえ過去の克服と結びついて確立したドイツの歴史教育では、「民主主義の理念を徹底して学ぶこと」「批判精神をもって歴史を観察する態度を養い、自分で考え、自分の意見をもつこと」、そのためにも「異なる意見に耳を傾け、異文化を受けいれる寛容な態度を養うこと」が歴史授業の目標とされる。この「批判精神をもった民主主義の理念に基づき、自分で考えること」は、ドイツの教育全般の基本であり、歴史の授業のほか、特にドイツ語（国語）の授業でも強調される。

私の息子がギムナジウムを卒業する直前、ドイツ語の教師が卒業のはなむけに「君たちがギムナジウムで学んだことで一番大切なのは、知識ではない。批判精神をもって自分で考える態度を身につけたことだ」という言葉を贈ってくれたそうだ。

もちろん、それぞれの個人が自分の考えを主張し合えば対立が起こることも多い。自由な議論が対立を長引かせることもあるだろう。それでも忍耐強く対話を続ける。双方がこの対話や議論の目的、使命について考え、相互に理解し合えるように忍耐をもってさらに対話に努力する。そうすれば、相互理解のスパイラルが起こる希望がある。これは宿敵ともいえる複雑な対立関係にあったポーランドとの教科書対話に長年尽力し、成功に導いたゲオルク・エッカート国際教科書研究所の歴史研究者の言葉だ。オープンな議論をし、地道な対話の努力を続けることで、ドイツ・ポーランド共同教科書委員会は、両国が共有すべき過去の記憶と歴史を育んでいったのである。

共有すべき記憶は、一方的に強制された記憶であってはならない。それゆえに、民主主義の理念に基づき、自由な議論が必要であるし、そのために、誰もがオープンに意見を出し合える場と雰囲気、さまざまに異なる意見に耳を傾け、それぞれの意見を尊重する態度が必要なのだ。

この目的のために、ドイツの歴史授業では生徒が自由に意見を出して討論することが重視され、そのような討論の場が設けられている。ところがドイツは加害者意識に縛られており、ドイツの被害の側面については授業であまり詳しく扱われていない。ドイツの過去の記憶が相対化し、一つの歴史になり始めた現在、若い世代は過去の出来事をさまざまな角度から学習し、客観的にとらえたいと思っている。ドイツの若者たちは、ドイツの過去における加害責任を十分に認識したうえで、加害も被害も、過去のあらゆる面について自由でオープンな議論を望んでいるのだ。

翻って日本では、この「個人の権利として個々の人が自分の考えや意見を自由に表現し、議論し合う」という習慣や文化、環境に欠けている。日本にはドイツとまったく同じ意味での「個人」は存在しないのだ。いくら憲法で保障されてはいても、実際には日本の伝統的な文化、慣習により、個々の人が属するそれぞれの集団や組織、地域社会といったさまざまなレヴェルの「世間」や「周り」から心理的な抑圧や制約を受け、本心を自分の意見として自由に表現しづらいことが多い。

「フクシマ」の原発事故によって再び核による歴史的悲劇を経験しながら、なぜ日本では核エネルギーの利用そのものに対する批判が起こらない（十分に大きくならない）のか。ビーベラッハ市長をはじめ多くのドイツ人が日本人に対して抱いたこの疑問に正確に答えるには、さまざまな要因を考えねばならないだろう。しかし、日本人は伝統的に本心の考え、特に批判を自由に表現しにくい文化環境にあることが、その要因の一つであることは確かであろう。

「記憶の文化」と未来への責任

人は何のために記憶するのか。現在に生きる者はみんな過去の結果として生まれ、存在し、同じく過去の結果として生まれた社会で暮らしている。そして、現在に生きる者から、さらに未来に生きる子孫や社会が生み出されていく。まさに過去・現在・未来はつながっており、それぞれ影響し、規定し合っているのである。それゆえ、たとえ意識しなくとも、現在に生きる者には、過去を引き継いで未来に生きる子孫や社会をつくっていく使命と責任が与えられているのだ。記憶は、そのことに気づかせてくれる。過去に起こった悲劇に対し、この悲劇を忘れずに記憶し、二度と同じ過ちを繰り返さない、二度と同じ悲劇を繰り返さない。これが悲劇の犠牲となって死んでいった人たち、今もなお悲劇の被害に苦しむ人たちの切なる願いであり、未来への希望だ。現在に生きる者には、この願いと希望を引き継ぎ、新たに思いをこめて未来に生きる子孫や社会を生み出していく使命、その願いと希望を未来に伝えていく責任が与えられているのである。人はこの未来への使命を自覚し、未来への責任をないがしろにしないために記憶するのだ。そのために繰り返し記憶を新たにする。悲劇の後に生まれた若い世代にも、その悲劇に対する直接の責任はなくとも、同じく未来への使命と責任が引き継がれる。若い世代もそれを自覚するために記憶を繰り返すのである。

ただし、記憶を未来の世代に伝え、さらに、記憶に込められた願いや希望をかなえる未来の社会を築いていくためには、ただ個々の人がばらばらに記憶を胸に刻むだけでは不十分だ。もちろん一人ひとりの個人の記憶、熱い思い、願いや希望が核となることは言うまでもない。だがそれを未来に伝え、多くの人を動かし、社会を変えていく力にするには、集団の記憶、社会の記憶、さらには国家や人類全体の記憶へと成長させていくことが必要だ。個々の記憶はただ思うだけでは伝わらない。いろいろなかたちで記録し、表現し、主張し、アピールしていかなければならない。そうやって記憶を担う輪が大きく広がり、記憶が集団で保持されるようになる。この集団の記憶とその記憶を表現するものすべてをひっくるめた総合体が「記憶の文化」だ。記憶を未来に伝え、社会を動かす力にするために、個々の記憶を育んで記憶の文化とし、さらに大きな「記憶の文化」へと成長させることが必要だ。記憶を大きく育むことが肝心なのである。

フクシマ原発事故に対する日本人の反応に照らして考えてみると、今まで日本には「記憶の文化」が大きく成長しにくい伝統的状況があったと言えるのではないだろうか。ドイツでは個人が確立し、個人が集まってできた集団や社会も、個人が核となって存在する。個人の記憶や意見が自由に主張され、尊重され、それが核となって集団の記憶も形成される。

これに対し日本では、個々の人がそれぞれ属する集団や組織、「世間」や「周り」の制約を受けて存在し、個々の人の記憶や意見も「世間」や「周り」に合わせるかたちで表現されることが多い。被災した当事者でさえ、世間を気にしてさらなる精神的抑圧に苦しむ人もいると聞く。ましてや被災地から離れて住む人はなおさら、世間との折り合いの中で、自分の記憶や意見をどう表すかに気を遣う。その世間も個々の人によってそれぞれさまざまなレヴェルがあり、いろいろな世間が別個に存在していると言っていい。こうなってくると、個人個人の記憶を集めてアピールし、社会の記憶に高めていくということがなかなか難しい状況となる。今、日本では、何のために記憶するのか、何のために記憶を育むのか、という原点に立ち返ることが大切だろう。

今日、日本と同様にドイツでも、ナチスの戦争犯罪やホロコーストといった「過去」を記憶する「時代の生き証人」が高齢化して亡くなり、どんどん少なくなってきている。近い将来、時代の生き証人は必ず死に絶えてしまう。それだけに過去の記憶をいかに保存し、いかに未来に伝えていくかということが緊急の課題となっている。記憶を未来に伝えていくには、個々の記憶を育んで集団の記憶とすることが必須だ。そうして生まれた「記憶の文化」をさらに大きく育み、国家の記憶、人類全体の記憶へと成長させる。できるだけ多くの人、集団や組織、国家や世界を巻きこんで、みんなで記憶を伝えることに努力するのだ。そのためには大々的なアピールが必要だ。ユネスコが「世界記憶遺産」を始めたのも、1月27日の「国際ホロコースト記念日」に国際アウシュヴィッツ委員会が「記憶を保持せよ！」と訴えるのも、8月6日に広島で平和宣言が出されるのも、世界に向かって記憶することをアピールしているのである。

記憶を育むには、まず原資料としての個々の生の記憶をいろいろな媒体を使ってできるだけ多く記録し、保存する必要がある。現在では科学技術の発達により、一昔前に比べると信じられない量と質の記録が文字、音声、映像等々、さまざまなかたちで保存できるようになった。さらに、この保存した記憶の記録を誰でも自由に利用できるよう、世界に向けて発信することが肝心だ。世界記憶遺産もそのことを重視している。博物館や追悼記念施設での展示、講演会やシンポジウム、多くの市民を多く巻きこんだイベントや記念式典など、さまざまなかたちで過去の「記憶」をプレゼンテーションし、さらに、それについて自由に意見を出し合って議論する。記憶に関する膨大な量の情報を、不特定多数の人が自由に利用したり、個々の記憶について自由に討論や意見交換するには、とりわけインターネットが威力を発揮する。今後さらに活用されていくだろう。

またドイツでは、学校の名前に歴史上の人物や過去の記憶を伝える人物の名をつけ、子どもたちや地域住民にその記憶を伝えていく試みが続けられている。戦争の時代の記憶を伝える人物としては、ナチスに対する抵抗運動をして処刑された「ショル兄妹」と、ホロコーストの犠牲となった「アンネ・フランク」が最も人気が高い。両者の名をつけた学校、つまり「ショル学校」「アンネ・フランク学校」が、何と全国にそれぞれ100以上もある。どの学校もこれら歴史上の人物の記憶を伝えるだけではない。彼らの批判精神、自由と正義のために闘う勇気、極限状態にあっても最後まで貫く強い意志、平和を願う気持ち、あらゆる差別に反対する態度などを、現在に生きる生徒が日常生活に活かせるように工夫して、学校生活のモットーに取り入れている。過去の記憶に新たに意味を与えて、記憶を現在あるものとしているのだ。ドイツでは「過去の記憶」と言えば暗いイメージばかりが先行する中、これらの学校では、生徒に未来への希望と未来への責任を自覚させるために、記憶を伝える人物をうまく使っているのである。これも記憶を育む一つの好例だ。

時代の生き証人が残り少なくなった現在、ドイツも日本も、できるだけ多くの記憶をいろいろなかたちで保存し、それを活用して記憶を大きく育んでいくしかない。そして世界中の人を巻きこんで、決して衰えることのない人類全体の「記憶の文化」に育て上げることが重要だろう。

人間はみな平和な社会、平和な未来を願って過去の歴史を学び、その記憶を伝えていく。記憶は古びた過去の遺物ではない。どの記憶にも、未来への願いや希望がこめられている。現在に生きる者は過去から引き継いだ記憶に新たな思いや希望をこめて現在に甦らせ、さらにこの新たな記憶を未来に伝えていくのである。こうやって記憶にこめられた希望を未来に伝えることが、現在に生きるものに与えられた未来への使命であり、責任なのだ。

未来がどうなるのか、未来に何が起こるのか、それは誰にもわからない。だからこそ二度と同じ過ちを繰り返さないように記憶を新たにし、この願いと希望をこめた記憶を未来に伝えようとするのである。

「フクシマを思い起こせ」。福島原発事故１周年の日、独６都市で５万人がデモに参加した。
（写真提供：Hanno Polomsky / PubliXviewinG）

◎章扉の写真説明

1章　ギムナジウムの歴史の授業、テーマは「第三帝国とナチスの独裁」。教師の問いかけに対し自分の意見を発言したり、討論、プレゼンテーションするのが中心。

2章　ベルリンの壁記念碑。壁崩壊から20年以上の月日が過ぎ、東西ドイツ分断の歴史を知らない若者も、遺物となった壁に向かい合う。ベルリン・ポツダム広場。

3章　教科書対話によって生まれた教科書ないし歴史教材。向かって左から順に、『20世紀のドイツとポーランド——分析・資料・教授上のヒント』（歴史授業ハンドブック）、『歴史——1945年以後のヨーロッパと世界』（独仏共通歴史教科書）、『ブーヘンヴァルト強制収容所』（ホロコースト授業教材）、『逃亡と追放』（ドイツ・ポーランド・チェコ共通歴史副教材）。

4章　「グローセ・パウゼ（大休憩時間）」に校庭で遊ぶギムナジウム低学年の生徒たち。ギムナジウムでは10代の最も多感な時期の子どもたちが将来に向けて学び、人間形成される。

おわりに——忘却に抵抗する国　ドイツの選択

多様化する「過去」　移り変わる「記憶」

「西側から来る人たちは恐ろしいから……」

と、東ベルリンの裏通りで出会った女の子は、困ったような顔で答えた。

1989年11月9日に起こったベルリンの壁崩壊。この歴史的大事件の直後に東西ベルリンを訪れた私が、当時について最も印象深く記憶するシーンだ。私は、東の裏通りの空き地で遊んでいた小学生の女の子たちと、しばらくおしゃべりした。その中で、無邪気な彼女たちが母親から戒められているると語ってくれたのである。

記憶は、個人個人の脳裏に焼きついた印象やイメージから始まる。それぞれ唯一無二の記憶である。

ホロコーストの記憶や被爆の記憶もそれが原点だ。だが、この個々人の記憶が主張され、集められ、育まれ、共有されることで、その時代やその国、その国民の歴史認識や価値観を体現する一つの文化になるのである。

ベルリンの壁崩壊により東西ドイツが統一し、東欧革命が歴史認識を一変したヨーロッパで、1990年代以降「記憶」が熱いテーマとなった。この大きな歴史のうねりに合わせるようにして、特定の過去の出来事について、その国や国民、その社会や市民がどのように記憶し、どのように記憶を表現してきたのか、さまざまな媒体を使った記録や展示、記念碑、記念日や式典など、その記憶にまつわるあらゆるものの総合体を、「記憶の文化」という概念でとらえようとする新しい思潮が起こったのである。記憶が文化を形成し、その記憶や記憶の文化が時代とともに変わっていくことを意識して、とらえ直そうとする試みが、始まったといえる。過去の出来事を扱う歴史学だけでなく、学問の枠を超えて広く政治や社会でも、この「記憶の文化」の概念が用いられるようになった。

その際ドイツの「記憶の文化」と言えば、特にナチスの戦争犯罪やホロコーストについての記憶とその文化を意味した。やがて学校教育における歴史教育にも、この概念が導入されるに至った。ドイツやドイツ人は、ナチスの戦争犯罪という重大な「過去」に対してどのように記憶し、どのような態度をとってきたのか。また、その記憶や態度、歴史認識が時代とともにどのように変わってきたのかを学習するのである。

戦争犯罪に対する責任を真摯に認めて謝罪し、必要な補償をするという意味で、ドイツの「過去の克服」はとかく理想化されて見られがちだ。しかし、実像は必ずしもそうではない。ドイツも当初責任をないがしろにした時代が続いていたのだ。それが、68年運動をきっかけに大きく転換していく。70年代から80年代にかけて、戦争責任に真摯に向き合う態度ができあがっていったのである。ただし、「過去のことはもういいではないか」という風潮も根強く残っていた。ナチスの戦争責任を矮小化しようとする主張も現れた。そこで、当時のヴァイツゼッカー大統領のように、過去に目を閉ざそうとする風潮に釘を刺す人物も必要だったのだ。

このようにドイツの「過去の克服」や過去へのとりくみにも紆余曲折があり、決して平坦な道のりではなかったのである。ドイツの歴史教育は「記憶の文化」という概念を取り入れることで、子どもたちにドイツの「過去」を伝えるだけでなく、「過去」に対するドイツ人の「記憶」と「記憶」のありかた、その「記憶」の変遷にとりくませようとしているのだ。

さらに、戦後ドイツも世代交代を重ねたうえ、東西ドイツ統一も加わって、二重の過去を背負うことになった。ドイツの過去として、ナチスの戦争犯罪やホロコーストが唯一絶対的な意味をもってきた時代から、ヨーロッパ全体との関連の中でドイツの歴史をとらえたり、戦後の東西ドイツ分断の時代に注目するなど、「過去」をもっと総合的に、多元的にとらえる時代に徐々に変わりつつある。旧東ドイツ地域で生まれた若い世代には、親の世代の東ドイツの「記憶」を掘り起こそうとする動きも始まっている。他方、ドイツ社会の重要な構成員となった移民たちは、独自の「過去」と「記憶」を保ちながらドイツに暮し、彼らの多くは新たにドイツ人と記憶を共有しようと努力している。現在のドイツは、多様化する「過去」と移り変わる「記憶」にとりくむ試行錯誤を続けているのである。それゆえに、決して忘れてはならない記憶は、何度でも繰り返し、記憶を新たにしなければならない。ドイツには「忘却に抵抗するGegen das Vergessen」という言葉があるように。

「記憶」はその時代、国、社会の「文化」を形成する

1989年秋に西ドイツ（当時）のコンスタンツ大学で歴史学の研究を始めた私は、ベルリンの壁崩壊とそれに続く東西ドイツ統一をドイツの地で経験した。やがてドイツにある日本人学校の歴史教師になり、私自身日本の教育制度に基づく学校教育に日々携わる一方、私の二人の子どもたちはドイツの学校教育を受けて育っていった。私は歴史を学び、歴史を教える者として、日独双方の学校教育を見比べながら、ドイツではどんな歴史教育がなされてきたのか、将来に向けてどんな教育がめざされるのか、そんな関心を念頭に統一ドイツの歩みを見守ってきたのである。

このたび本書で統一ドイツの歴史教育を紹介する機会を得たことで、改めて「記憶」が最も重要なキーワードになっていることに気づかされた。もちろん日本でも「戦争の記憶」「被爆の記憶」など、決して忘れてはならない事柄、永久に伝えていく事柄として体験者や当事者の「記憶」が常に話題となってきた。しかし、1990年代以降ドイツやヨーロッパで始まった「記憶」の新しいとらえ方、つまり、「記憶はその時代、その国、その社会の文化を形成する」という理解と認識のもとに「記

憶」をもっと総合的にとらえようとする動きは、さらに一歩深く踏みこんだ「記憶」へのとりくみだと言えるだろう。

日本ではまだ、この「記憶の文化」の概念や、この「記憶」への新しいとりくみは、あまり広く知られていないように思う。「記憶」はただ記録して保存するだけでは不十分である。同じ過ちを二度と繰り返さないように、社会や政治に働きかける力を「記憶」から引き出さなければならない。そのために記憶を集め、記憶を育み、それをいろいろな媒体を使って表現し、その記憶を共有していく作業が必要なのである。その際に重要なのは、記憶は単なる過去の出来事の記録ではなく、さまざまなかたちで表現されて総合的な文化になると認識することだ。

２０１１年夏、広島大学で、社会倫理学者の川本隆史さん（東京大学大学院教授）が、『ヒロシマで正義とケアを編み直す』という題目の公開講義（ＮＨＫ「白熱教室ＪＡＰＡＮ」）をおこない、記憶を共有するためには「記憶のケア」が必要だと訴えた。２０１１年3月11日の東日本大震災に付随して起こった東京電力福島第一原子力発電所事故。被爆地ヒロシマだからこそフクシマに届けられる言葉があるのではないか。受講生と対話しながらフクシマへのメッセージを探っていく中で、原爆詩人栗原貞子の詩『ヒロシマというとき』を紹介した。彼女の詩は「ヒロシマ」と「南京虐殺」や「マニラの火刑」を対置し、日本の被害の記憶に加害の記憶を重ねている。神話化された原爆の記憶に固執するのでなく、記憶の多元性に着目して固定観念を解きほぐし、記憶を共有していく可能性を引き出す世話や手入れが必要だ。これが「記憶のケア」であり、それによって記憶が共有され、そこから相互理解も生まれる。被爆の記憶を解きほぐし、手入れすることでヒロシマとフクシマの記憶も共有されるのである。ここで川本さんは「記憶の文化」という言葉は使ってはいない。だが、「記憶のケア」は、個々の記憶がより懐の深い文化となるための作業だと言えるのではないだろうか。

ドイツで過去の記憶と言えば、まず戦争やホロコーストの記憶といった平和の実現のために二度と繰り返してはならない出来事の記憶を意味してきたように、「記憶」は深く「平和」の問題と結びついてきた。さらに1990年代以降、ドイツやヨーロッパで「記憶の文化」という記憶の新しいとらえ方が始まると、時を同じくして「平和」も総合的な文化として注目されるようになったのである。特に2000年にはユネスコが「〝平和の文化〟国際年」を宣言し、「平和の文化」という表現が世界に向けてアピールされるに至った。もはや、戦争の裏返しを意味する狭義の平和にとどまらない。人権の尊重、多文化主義、非暴力、対話の重視、寛容に基づく相互理解と連帯、民主主義の実践、男女同権、環境保護、貧困や飢餓の撲滅、医療・保健衛生の向上、すべての人のための教育拡充等々。平和な市民社会の基本条件として必要な事柄や価値観、それを促進するためのさまざまなとりくみをひっくるめて、総合的に「平和の文化」を担うものととらえるのである。平和を固定観念から解放し、総合的に文化としてとらえることで、世界中のすべての人が平和に関与している意識をもち、積極的に平和の文化に参加することを促しているのだろう。

「記憶の文化」も「平和の文化」も、みんなが共有し、みんなが担っているという意識をもつことが重要だ。

甦るヒロシマ・ナガサキ、チェルノブイリ、フクシマの記憶
――脱原発への決断を突き動かしたものは何だったのか

2011年9月11日、アメリカ同時多発テロ事件10周年の日に、南西ドイツの地方都市ビーベラッハで、ある講演会が開かれた。地元の市民平和団体の招きを受けて、ベルリン在住の科学者・外林《そとばやし》秀人《ひでと》さんが自らの広島での被爆体験について語られたのである。今から思えば、虫の知らせだったのかもしれない。外林さんとは以前より個人的にも交流があり、講演をぜひ一度うかがいたいと思っていた私は、車で30分、バート・ザウルガウの職場からかけつけた。市民の関心は高く、会場となった市庁舎ホールは満席となり、多くの立ち見客が出るほどだった。外林さんは病を押して壇上に立ち、一言一言、声をふりしぼって語った。そして、これが文字通り、命を懸けた最後の講演となった。その年の暮れ、時代の生き証人はベルリンで亡くなったのである。私にとっても、記憶と平和について深く考える貴重な機会となった。

1929年に長崎で生まれた外林さんは、広島で育ち、原爆を生き延びた。戦後西ベルリンに留学し、そのままドイツで職を得て、マックス・プランク研究所やベルリン工科大学の教授を歴任した。その後晩年になってから一念発起し、自身の被爆体験を語りつづけた。「広島と長崎に投下された原

爆は人類全体に起こった悲劇であり、人類として二度と繰り返してはならない」と伝えることを使命と感じていたと言う。だが被爆者の多くに見られるように、外林さんも最初から語り部だったわけではない。実は戦後60年余りにわたり、被爆の記憶を胸のうちに秘めてきたのである。それは日本には被爆者に対する差別が根強くあり、被爆者であることを公にしてくれるなと、日本の家族から頼まれていたからだと言う。日本に固有の個人と集団の関係は、負の側面において差別を生み出しやすい土壌をもっている。外林さんは今回の講演でも想像を絶する原爆の恐ろしさとともに、被爆者に対する差別の恐ろしさを訴えていた。

さらに、講演会の主催者が外林さんの体を気遣って会を早く切り上げようとしたとき、突然、外林さんが声を上げた。

「ちょっと待ってくれ。私にはまだどうしても話さなければならないことがある。」

２０１１年3月11日の福島第一原発事故について、「今まで自分は反原爆ばかり訴え、原発については何も言ってこなかった。だが、それは間違いだった。原子力はすべて危険であり、平和利用などあり得ない」と自ら科学者として断言した。ヒロシマの被爆者同様に、福島県民に対する被曝者差別が起こっていることにも憤りと悲しみを表した。自身の被爆体験を語るときよりも、はるかに力強く、日本人、ドイツ人、そして人類全体に向けて、最後の力をふりしぼりアピールした。

ゆがんだ記憶は偏見を増長する。原発の安全神話に凝り固まった記憶、被爆者差別の偏見にゆがんだ記憶を解きほぐすためにも、たゆまない「記憶のケア」が必要なのだろう。

外林さんの講演を聞いたビーベラッハの市民たちは、原爆の悲劇のむごたらしさにも、被爆者差別の実態にも大きな衝撃を受けていた。そして、脱原発の重要性を改めて感じたようだった。

ドイツの国民は、２０１１年3月11日の東日本大震災に伴う福島第一原発事故に即座に反応した。全国各地で日本の震災被害者を追悼・支援する催しが開かれる一方、反原発・脱原発を掲げた市民集会や抗議デモが繰り広げられたのである。彼ら自身が被害を受けたチェルノブイリ原発事故（１９８6年4月26日）から25周年の日が近づき、当時の記憶がフクシマと重なって反原発の思いが強化された。メディアも連日連夜、原発事故の話題をトップに取り上げ、繰り返し討論番組を組んだ。連邦議会でも議論が続き、メルケル連邦首相は新たに「エネルギー安全供給のための倫理委員会」を設置した。他方、電力産業界は性急な脱原発に警告を発したが、世論を抑えることはできなかった。２０１１年3月末におこなわれたバーデン・ヴュルテンベルク州議会選挙では、環境保護や反原発を訴える「緑の党」が第一党に躍り出たのである。最も保守勢力の地盤が強かった州に、ドイツで初めて「緑の党」の首相が誕生し、これを機に脱原発ムードがさらに高まっていく。

当時、ドイツの脱原発に向けた迅速な動きに、国の内外から「集団ヒステリーだ」と揶揄する声が上がった。極端に過敏な反応をする人がいたことも事実である。しかし、単に「ヒステリー」の一言で片づけてはいけない。倫理委員会は脱原発に向けたさまざまな課題や問題について、各界代表を呼んで公聴会を開き、賛否両論、長時間にわたる討論をテレビとインターネットで公開した。こうして協議を重ねた倫理委員会の提言に基づき、連邦政府は早期脱原発（２０２２年全原発永久停止）に踏み切ったのである。

ドイツの国民は、ヒロシマ・ナガサキの記憶、チェルノブイリの記憶、フクシマの記憶から引き出された力により脱原発を選択し、政府を突き動かしたと言えるのではないか。その際、自由でオープンな議論が激しく戦わされた。これが「過去の克服」を成し遂げた戦後ドイツ民主主義の本質だ。その結果、政府は早期に脱原発を望む国民の声を支持するに至った。メルケル連邦首相自身「ヘラクレスの難題だ（超難題の意）」と言いつつ、世紀の大プロジェクトとしてエネルギー転換にドイツの未来の命運を懸けたのである。

この国の選択を見る限り、やはり「記憶」には未来への希望という大きなエネルギーがこめられているようだ。


本書はささやかな書物ではあるが、私がドイツで20年以上にわたり、歴史学および歴史教育に携わってきた一つの証になることを願って書いた。とりわけ、「ドイツの歴史教育」をできるだけ生の姿で伝えようと、現地の学校や研究機関、講演会や朗読会に出かけて取材し、各地、各所で対話した多くの人たちの声を届けようと工夫した。数え上げればきりがない彼らの惜しみない協力なくして、この本はできあがらなかった。それゆえ、まず、快く取材に応じてくださったドイツの教員や生徒・学生諸君、研究者や時代の生き証人、市民の方々に、心から感謝したい。

また、本書が生まれるきっかけを与えてくださった編集者の北川直実さん、同じく大月書店の松井玉緒さんには、本書の構想から紆余曲折を経て完成に至るまで、根気強く伴走していただいた。深くお礼申し上げたい。

最後に、ドイツでともに歩んでくれる妻、ずっと日本から応援しつづけてくれる私と妻の両親にも、一言ありがとうと伝えたい。本書は息子の撮った写真とともにできあがった。日本のじじばばも喜ぶだろう。

2012年5月

ドイツ・コンスタンツにて　岡　裕人

2009	ドイツ・ポーランド・チェコ3国共同歴史副教材『逃亡と追放』出版
2010. 6	バート・ザウルガウ・レアールシューレの生徒『故郷』プロジェクト発表
2010. 10	ヴルフ・ドイツ連邦大統領、ドイツ統一20周年記念演説で「移民の統合」を強調
2010. 11	日本、『被爆の記憶　世界へ』事業開始
2010. 12	**ドイツ・ポーランド共通歴史教科書ガイドライン公表**
2011. 1	連邦議会のホロコースト追悼記念式典で、初めてシンティ・ロマ（ジプシー）代表者が演説
2011. 3. 11	東日本大震災と東京電力福島第一原子力発電所事故発生
2011. 3	バーデン・ヴュルテンベルク州議会選挙で「緑の党」が第一党となり、5月にドイツ初「緑の党」首相率いる社民党との連立政権誕生
2011. 4	チェルノブイリ原発事故25周年
2011. 6	**メルケル政権、早期脱原発法案閣議決定**
2011. 6	**ドイツ連邦軍徴兵制度廃止**
2011. 8. 6	ビーベラッハで『父と暮せば』朗読会
2011. 8	ベルリンの壁建設50周年
2011. 9. 11	外林秀人ビーベラッハで最後の被爆体験講演、反原発アピール
2011. 10	トルコ人労働移民受け入れ50周年
2011. 10	ヴルフ・ドイツ連邦大統領、日本訪問。日独友好150周年記念式典、福島県の震災被災地（いわき市）訪問
2011. 12	外林秀人の希望が認められ、ポツダムのヒロシマ広場が「ヒロシマ・ナガサキ広場」に改称。同月28日、外林秀人ベルリンで死去
2012. 3. 11	ドイツ各地で福島原発事故1周年記念抗議集会が開かれる
2012. 3	旧東ドイツの牧師でドイツ社会主義統一党（SED）の一党独裁に抵抗した公民権運動家、ヨアヒム・ガウクが、新ドイツ連邦大統領に選ばれる

主な参考文献

[**日本語文献**]

・「朝日新聞」2010年11月17日付「被爆の記憶　世界へ」
・阿部謹也『「世間」への旅』筑摩書房、2005年
・石田勇治『過去の克服　ヒトラー後のドイツ』白水社、2002年
・石田勇治『20世紀ドイツ史』白水社、2005年
・石田勇治編著『図説ドイツの歴史』河出書房新社、2007年
・井関正久『ドイツを変えた68年運動』白水社、2005年
・井上ひさし作／イゾルデ・浅井訳　『ドイツ語対訳　父と暮せば』（Die Tage mit Vater）こまつ座、2006年
・川喜田敦子『ドイツの歴史教育』白水社、2005年
・木村靖二編『ドイツ史』山川出版社、2001年
・熊谷徹『ドイツは過去とどう向き合ってきたか』高文研、2007年
・近藤孝弘『国際歴史教科書対話　ヨーロッパにおける「過去」の再編』中公新書、1998年
・近藤孝弘編著『東アジアの歴史政策　日中韓対話と歴史認識』明石書店、2008年
・佐々木陽子編著『兵役拒否』青弓社、2004年
・中日新聞社編、永井清彦訳『ヴァイツゼッカー日本講演録「歴史に目を閉ざすな」』岩波書店、1996年
・日中韓3国共通歴史教材委員会編著『未来をひらく歴史（第2版）東アジア3国の近現代史』高文研、2008年
・ファルク・ピンゲル＋近藤孝弘『ファルク・ピンゲル　和解のための歴史教科書』NHK出版、2008年
・藤沢法暎「独仏共通歴史教科書を読む　二つの“大戦後”」、『歴史地理教育』2009年1月号
・三島憲一『現代ドイツ　統一後の知的奇跡』岩波新書、2006年
・山田朗編『歴史教育と歴史研究をつなぐ』岩波ブックレットNO.712、2007年
・リヒャルト・フォン・ヴァイツゼッカー（永井清彦訳）『荒れ野の40年　ヴァイツゼッカー大統領演説』岩波ブックレットNO.55、1986年
・歴史教育者協議会編『歴史教育・社会科教育年報2009年版　変革の時代に応える社会科教育』三省堂、2009年

[**ドイツ語文献**]

・Anne-Frank-Gymnasium Rheinau: Schulbild des Anne-Frank-Gymnasiums “Miteinander-füreinander-ich bin dabei.
・Bosch, M.: “Hitler war weg und wir waren da”-Manfred Bosch im Gespräch mit Hannelore König. in: Hegau Zeitschrift für Geschichte, Volkskunde und Naturgeschichte des Gebietes zwischen Rhein, Donau und Bodensee. Jahrbuch 64/2007: “Jüdische Kultur im Hegau und am See”, Singen/Hohentwiel 2007, S.239-310.
・Deutz-Schroeder, M./Schroeder, K.: Oh, wie schön ist die DDR. Kommentare und Materialien zu den Ergebnissen einer Studie. Schwalbach/Ts. 2009

- Elstermann, K.: Gerdas Schweigen. Die Geschichte einer Überlebenden. Berlin 2005
- Gemeinsame Deutsch-Polnische Schulbuchkommission: Empfehlungen für die Schulbücher der Geschichte und Geographie in der Bundesrepublik Deutschland und in der Volksrepublik Polen, Schriftenreihe des Georg-Eckert-Instituts für Internationale Schulbuchforschung Band 22/XV
- Gemeinsame Deutsch-Polnische Schulbuchkommission: Zum wissenschaftlichen Ertrag der deutsch-polnischen Schulbuchkonferenzen der Historiker 1972-1987, Schriftenreihe des Georg-Eckert-Instituts für Internationale Schulbuchforschung Band 22/XI
- Geschwister-Scholl-Gymnasium Düsseldorf: Der Scholl-Appell. 1993 und 2000.
- Grasse, R./Gruber, B./Gugel, G. (Hg.): Friedenspädagogik Grundlagen, Praxisansätze, Perspektiven. Hamburg 2008
- Institut für Friedenspädagogik Tübingen e.V.: Ift news 2010.
- Internationales Auschwitz Komitee: Erinnerung bewahren-Authentische Orte erhalten-Verantwortung übernehmen. Rede zum Internationalen Holocaust-Gedenktag am 27. 01. 2009 in Berlin
- Landkreis Sigmaringen(Hg.): Heimat-Erinnerungen. Gegenstände und Geschichten von Migranten im Landkreis Sigmaringen. Katalog zur Ausstellung vom 25. 07. bis 17. 10. 2010 in der Kreisgalerie Schloss Meßkirch. Sigmaringen 2010
- Massing, P.(Hg.): Wendepunkte deutscher Geschichte. Schwalbach/Ts. 2009
- Marcowitz, Reiner/Pfeil, Ulrich u.a.: Europäische Geschichte a la franco-allmende? Das deutsch-französische Geschichtsbuch in der Analyse, in: Dokumente 05/2006, S.53-S.102
- Overesch, M.: Buchenwald und die DDR oder Die Suche nach Selbstlegitimation. Göttingen 1995
- Realschule Bad Saulgau(Hg.): Heimat 10b. Bad Saulgau 2010
- Severin-Barboutie, Bettina: Das deutsch-französische Schulgeschichtsbuch im Praxis-eine Umfrage an deutschen und französischen Gymnasien, 2008
- Schlör, J./Hohmuth, J.: Denkmal für die ermordeten Juden Europas Berlin, München/Berlin/London/New York 2.Aufl. 2008
- Statistisches Bundesamt Deutschland: Bevölkerung mit Migrationshintergrund-Ergebnisse des Mikrozensus-FS1R. 2.2-2010
- Steuerungsrat und Expertenrat des Projektes "Deutsch-Polnisches Geschichtsbuch": Schulbuch Geschichte. Ein deutsch-polnisches Projekt. -Empfehlungen-. Berlin/Warschau 2010
- Stiftung Jüdisches Museum Berlin: Entdeckungen Jüdisches Museum Berlin. Berlin 2001
- Varwick, J.(Hg.): Sicherheitspolitik. Schwalbach/Ts. 2009
- Weber, E.E.(Hg.): Opfer des Unrechts. Stigmatisierung, Verfolgung und Vernichtung von Gegnern durch die NS-Gewaltherrschaft an Fallbeispielen aus Oberschwaben. Stuttgart 2009
- Weber, E.E.: Migration und Integration im Landkreis Sigmaringen. Erfahrungen mit einem besonderen Kulturschwerpunkt. in: Schwäbische Heimat 62. Jahrgang 2011/1. Stuttgart 2011

・Weber, M.: Gemeinsam Erinnern. Das Europäische Netzwerk "Erinnerung und Solidarität". 2010

・Wulff, Ch. Bundespräsident: Rede von Bundespräsident Christian Wulff zum 20. Jahrestag der Deutschen Einheit am 03. 10. 2010 in Bremen

・Wulff, Ch. Bundespräsident: "Schätzen und schützen wir die Freiheit" bei der zentralen Gedenkveranstaltung zum 50. Jahrestag des Mauerbaus am 13. 08. 2011 in Berlin.

・Wulff, Ch. Bundespräsident: "Techinischen Fortschritt verantwortungsvoll gestalten", Rede beim Besuch der Universität Tsukuba am 25. 10. 2011 in Tsukuba.

・DIE ZEIT Nr.41(07.10.2010), 4: Schweinefresser. Was tun, wenn Migrantenkinder deutsche Mitschüler unterdrücken? Lehrer sind verzweifelt.

・DIE ZEIT Nr.45(04.11.2010), 30-31: Heile Welt. Deutschland ist einer der größten Waffenexporteure-und kaum eine Region beherbergt mehr Rüstungsbetriebe als der Landstrich am Bodensee. Dort duldet man sie gern.

・DIE ZEIT Nr.45(04.11.2010), ZEIT MAGAZIN: War Ur-Opa ein Nazi? Und ist das mein Problem? Die 14-bis 19-Jährigen und der Nationalsozialismus.

・DIE ZEIT Nr.43(20.10.2011), 2-6: 50 Jahre Einwanderung. Wie die Türken Deutschland verändert haben.

・Die Zeit, Zeit Schulführer 2011/12

［**ドイツの教科書、副教材および教育カリキュラム**］

・Schmid, H. D.(Hg.): Fragen an die Geschichte Bd.4: Die Welt im 20. Jahrhundert. 4.Aufl. Frankfurt/M. 1984

・Baden-Württemberg Ministerium für Kultus, Jugend und Sport: Bildungsplan 2004. Allgemein bildendes Gymnasium.

・Bender, D. u.a.: Geschichte und Geschehen Bd.4. Stuttgart/Leipzig 2006

・Bender, D. u.a.: Geschichte und Geschehen 11/12 (Oberstufe Baden-Württemberg). Stuttgart/Leipzig 2009/2010

・Becher, U. A. J./Borodziej, W./Maier, R.(Hg.): Deutschland und Polen im 20. Jahrhundert. Analysen-Quellen-didaktische Hinweise. Bonn 2004

・Eser, I./Kochanovski, J./Matejka, O.: Flucht und Vertreibung. Geschichte des 20. Jahrhunderts aus der Perspekive von drei Nachbarn. Stutart/Leipzig 2009

・Le Quintrec, G./Geiss, P.(Hg.): Historie/Geschichte. Europa und die Welt seit 1945. Stuttgart/Leipzig 2006

・Wochenschau. Für politische Erziehung, Sozial- und Gemeinschaftskunde 58. Jahrgang (2007) Nr.6: Migration und Integration. Schwalbach/Ts. 2007

・Wochenschau. 61. Jahrgang (2010) Nr.1/2: Internationale Politik 1: Sicherheit und Frieden. Schwalbach/Ts. 2010

［**参考ウェブサイト**］　　※【　】内はウェブサイトの内容

・afg-rheinau.de/　【アンネ・フランク・ギムナジウム】

・auschwitz.info/d/news/2009/090127_vermaechtnis.html　【国際アウシュヴィッツ委員会】

・tagesspiegel.de/weltspiegel/ich-hasse-es-blut-zu-sehen/3989768.html 【“DER TAGESSPIEGEL” 外林秀人氏への福島原発事故についてのインタヴュー】
・bmbf.de/de/3336.php 【ボローニャ・プロセス（大学制度改革）】
・bpb.de/themen/1HGFYW,0,0,Erinnerungskultur.html 【記憶の文化】
・bundespraesident.de/DE/Bundespraesident-Joachim-Gauck/Persoenliches/persoenliches-node.html 【新ドイツ連邦大統領ヨアヒム・ガウク】
・bundesregierung.de/Content/DE/Artikel/2010/02/2010-02-18-europaeisches-netzwerk-erinnerung-solidaritaet.html 【ヨーロッパネットワーク『記憶と連帯』】
・bundeswehr.de/portal/a/bwde 【ドイツ連邦軍】
・destatis.de/DE/ZahlenFakten/GesellschaftStaat/Bevoelkerung/MigrationIntegration/AuslaendischeBevolkerung/AuslaendischeBevolkerung.html 【連邦統計局移民人口】
・d3.dion.ne.jp/~okakinen/ 【岡まさはる記念長崎平和資料館】
・gei.de/das-institut.html 【ゲオルク・エッカート国際教科書研究所】
・gei.de/de/wissenschaft/arbeitsbereich-europa/europa-im-prisma-der-region/historiana.html euroclio.eu/new/index.php/work/historiana 【ネット歴史教科書】
・gsg-duesseldorf.de/index.php?id=50 【ショル兄妹・ギムナジウム】
・hiroshima-shinbun.com/no_pauses/kawamoto.html 【記憶のケア】
・kernenergie.de/kernenergie/Themen/Geschichte/ 【原子力エネルギーの歴史】
・mayorsforpeace.org/jp/membercity/map.html 【世界平和市長会議】
・nhk.or.jp/hakunetsu/lecture/110724.html 【NHK「白熱教室 JAPAN」・川本隆史氏】
・pjnews.net/ 【独日平和フォーラム】
・spiegel.de/politik/ausland/0,1518,691914,00.html 【カティンの森虐殺】
・stiftung-evz.de/ 【「記憶・責任・未来」基金（ナチス強制労働犠牲者への補償）】
・stuttgarter-zeitung.de/inhalt.gemeinschaftsschulen-aufbruch-zu-mehr-chancengleichheit.c1d9522a-44cb-4d08-97c6-ad2853d1773c.html 【バーデン・ヴュルテンベルク州「共同学校（コミュニティ・スクール）」】
・unesco.org/new/en/communication-ad-information/flagship-project-activities/memory-of-the-world/about-the-programme/#c55652 【ユネスコ「世界の記憶」】
・unesco.or.jp/meguro/database/database.html 【ユネスコ「“平和の文化”国際年」】
・welt.de/politik/deutschland/article13562725/Politik-setzt-wieder-auf-Abitur-nach-neun-Jahren.html 【ギムナジウム 8 年制から 9 年制への回帰】

2012 年 5 月現在

関連年表（本文参考資料）

1920. 3	ゲルダ、ベルリンでポーランド系移民のユダヤ人一家に生まれる
1925	ハンネローレ、ヴァンゲン村のユダヤ人ヴォルフ一家に生まれる
1929	外林秀人、長崎に生まれ、広島で育つ
1933. 1	**ヒンデンブルク大統領、ヒトラーを首相に任命（ナチスによる政権獲得）**
1933. 3	ダッハウに初の強制収容所建設
1938. 11. 9～10	**帝国ポグロム（迫害）の夜事件（「水晶の夜事件」）**
1939. 9. 1	**ドイツ軍、ポーランドに侵攻。第二次世界大戦の開始**
1940	ソ連軍によるポーランド人捕虜大量虐殺（「カティンの森虐殺」）
1942. 7	アンネ･フランク、アムステルダムで隠れ家生活に入る。45 年 3 月、ベルゲン･ベルゼン強制収容所で死去
1943. 2	ショル兄妹「白バラ」抵抗運動で処刑される
1945. 1. 27	ソ連軍によるアウシュヴィッツ強制収容所の解放
1945. 4	ダッハウ強制収容所の解放。生存者が国際ダッハウ委員会設立（55 年に再設立）
1945. 5. 8	**ドイツ無条件降伏**
1945. 7	**ポツダム会談**
1945. 8. 6	広島に原爆投下（外林秀人被爆）。同月 9 日、長崎に原爆投下
1949. 5	**ドイツ連邦共和国基本法（憲法）公布〔西ドイツの成立〕**
1949. 10	**ドイツ民主共和国憲法公布〔東ドイツの成立〕**
1952. 9	ルクセンブルク協定（西ドイツとイスラエルとの賠償協定）締結、翌年発効
1954. 10	パリ諸条約調印、翌年発効（西ドイツ、西欧同盟に加盟）
1955. 5	西ドイツ主権回復。NATO に加盟して再軍備。東ドイツ、ワルシャワ条約機構に加盟
1955. 9	東ドイツ主権回復
1956. 6	西ドイツ、ナチス犠牲者のための連邦補償法成立

1956. 7	西ドイツ、兵役義務法制定、翌年から実施
1959. 12	西ドイツ各地でユダヤ人墓地荒らしが頻発し始める
1960. 8	クヌート・エルスターマン、東ベルリンに生まれる
1961. 8. 13	**ベルリンの壁建設**
1961. 10	西ドイツ、トルコと労働移民誘致協定結ぶ
1963. 1	西ドイツ、フランスと友好協力条約（エリゼ条約）締結
1963. 12	フランクフルトで「アウシュヴィッツ裁判」始まる
1968	**西ドイツで反戦、反非常事態法などを求めた議会外運動、特に学生運動が最高潮に達し「68年運動」と呼ばれる**
1969. 10	**西ドイツ、社民党（SPD）のブラント首相、自民党（FDP）と連立政権発足させる。ブラントが新東方政策開始**
1970. 12	西ドイツとポーランドの国交樹立（ワルシャワ条約）。ブラントがワルシャワゲットー蜂起記念碑の前で跪く
1972. 2	西ドイツ・ポーランド教科書対話始まる
1974. 1	ゲオルク・エッカート死去。翌年6月、ニーダーザクセン州、国際教科書研究所を州立の「ゲオルク・エッカート国際教科書研究所」とする
1976. 4	**西ドイツ・ポーランド教科書勧告**
1979. 1	米テレビ映画『ホロコースト』が西ドイツで放映
1985. 5. 8	**ヴァイツゼッカー西ドイツ大統領、終戦40周年記念演説「過去に目を閉ざすな」**
1985	西ドイツ・イスラエル教科書勧告
1986	西ドイツ、「歴史家論争」
1986. 4	チェルノブイリ原発事故。ドイツも放射能汚染を受ける
1989. 11. 9	**ベルリンの壁崩壊**
1990. 10. 3	**東西ドイツ再統一**
1992. 2	**マーストリヒト条約（ヨーロッパ統合に関する条約）締結。ヨーロッパ共同体（EC）が、公式にヨーロッパ連合（EU）となる**
1992	ユネスコが「世界の記憶」事業を始める

1995. 3	「国防軍の犯罪」展開始
1997. 8	ブリュッケ・モスト財団（ドイツ・チェコ）設立
1999. 1	**欧州単一通貨ユーロを導入、2002年1月より流通**
1999. 3	NATO軍によるコソヴォ空爆。ドイツ連邦軍も参戦
2000	ユネスコ「“平和の文化”国際年」
2000. 1	ストックホルム国際ホロコースト会議
2000. 8	ナチス強制労働犠牲者補償のための「記憶・責任・未来」基金設立
2001	ユネスコ「世界の子供たちのための平和の文化と非暴力の国際10年」（2001-2010）
2001. 9	ベルリン・ユダヤ博物館開館
2002	**シュレーダー政権、脱原発（段階的）法案成立**
2003. 1	ドイツ・フランス友好条約（エリゼ条約）40周年記念式典、独仏共通歴史教科書構想始まる
2005. 1	パリにヨーロッパ最大のショア（ホロコースト）記念館開館
2005. 2	ポーランド、ドイツ、ハンガリー、スロヴァキアの4カ国文相のイニシアティブによりヨーロッパネットワーク「記憶と連帯」発足
2005. 5	**ベルリンで「ヨーロッパで虐殺されたユダヤ人を追悼する記念碑」完成**
2005. 11	国連総会、アウシュヴィッツ解放の1月27日を「国際ホロコースト追悼記念日」と決議
2005. 12	ポツダムのトルーマン邸宅前広場が「ヒロシマ広場」と命名される
2005	『ゲルダの沈黙』出版
2006	**独仏共通歴史教科書『歴史――1945年以後のヨーロッパと世界』出版**
2007. 1	**EU加盟国が27カ国となる**
2007. 7	ポツダムのヒロシマ広場にヒロシマ・ナガサキ記念碑できる
2008	ドイツ・ポーランド共通歴史教科書プロジェクト開始
2009. 1	国際アウシュヴィッツ委員会、ベルリンで「記憶を保持せよ」とアピール
2009	『アンネの日記』が世界記憶遺産に登録

著 者

岡 裕人（おか ひろと）

1962年兵庫県生まれ。一橋大学大学院社会学研究科修士課程修了。89年留学のため渡独。コンスタンツ大学大学院歴史学科にてドイツ中世史を専攻、「ドイツ農民戦争」の研究で博士号取得。94年よりドイツ桐蔭学園にて、中高生に歴史・政治経済・ドイツ語を教えるほか、日独交流活動担当、理事・校長代理を務める。2012年4月より、フランクフルト日本人国際学校事務局長。現在滞独22年。
著書に『シュテューリンゲン方伯領の農民戦争とその前史』、共著に『オーバーシュヴァーベンの農民戦争』、『世界の歴史教育』（ゲオルク・エッカート研究所編、国際教科書研究論叢117）、『世界史カリキュラム　国際化に向かう歴史教育』（以上ドイツ語）、共訳書に『ドイツ神秘思想』（上智大学中世思想研究所編、中世思想原典集成16、平凡社）などがある。

企画・編集　北川直実（オフィスＹ＆Ｋ）
写真　Christian Yuhki Oka
装幀・ブックデザイン　青山　鮎

忘却に抵抗するドイツ――歴史教育から「記憶の文化」へ

2012年６月20日　第１刷発行

定価はカバーに表示してあります

著　者©　岡　裕人
発行者　中川　進

〒113-0033　東京都文京区本郷2-11-9

発行所　株式会社　大月書店

印刷　太平印刷社
製本　中永製本

電話（代表）03-3813-4651　FAX 03-3813-4656／振替 00130-7-16387
http://www.otsukishoten.co.jp/

ISBN 978-4-272-41217-4　C0037